授業をもっと面白くする！

前川哲也 著

中学校理科の雑談ネタ40

明治図書

はじめに

　学校の先生が授業をするとき，1時間ごとに，授業のねらいがあります。そして，生徒たちがそのねらいを達成できるように，導入，課題，板書，生徒の活動など，あらゆる面で様々な工夫がされています。

　ですが，いつも必ず生徒が授業のねらい（教師の目論見）の方に意識を向けているとは限りません。

　どうでもいいことは覚えているのに，授業のねらいとしていた理解してほしいところはよくわかっていない。教科書に補足として小さい字で書いていることは覚えているのに，テストに出る太字の用語は覚えていない。先生が何気なく言った冗談は卒業しても何年も覚えているのに，授業の翌日には「昨日は何をやったっけ…？」。思い当たる節，ありますよね。

　私たちはしばしば，重要なことよりもどうでもいいことに気持ちを引かれることがあるようです。

　人気番組のタイトルに使われた「トリビア」という言葉が，それほど重要ではないけれどあまり知られていない雑学的知識という意味に使われるようになり，ネット上には一生をかけてもきっと読み切れないほどの情報があふれ，知らなくてもいいはずの断片的な知識や情報を目にすることが多くなりました。

「だから何だよ」と言われればそれまでで，直接何かの役に立つわけではない知識や情報ですが，それでもつい誰かに話したくなったり，「へぇ」と思ったりするような面白さや奥の深さがあります。むしろ人の心にどこか引っかかるフックのような話題だから，私たちは必要ないにもかかわらず興味をもって覚えてしまうといったほうがいいのかもしれません。

　ならば，これをうまく授業に活用できないでしょうか。生徒の心に引っかかるような雑談をしかけるのです。もちろん，ただの雑談ではありません。その授業のねらいにつながるような雑談です。生徒が「へぇ」と思ったり面白いと感じる雑談から学習内容へつながり，気がつけば授業のねらいもばっちり深い学びへつながっていく，そんなことができたら，してやったりじゃないですか。

　それは面白そうです。でも，それにはどんな雑談をすればよいのでしょうか。そう，そこでこの本なのです。本書では，中学校理科に関する雑談を各単元3つずつ（「科学技術と人間」「自然と人間」は2つずつ），中学理科全体で40の雑談を紹介してあります。
　1つの雑談は4ページあり，少しボリュームが多いですが，いくつかの節に分かれているので，4ページ全部を一気に紹介するのではなく，1つまたは2つの節を紹介するというのもアリです。

授業でここぞというときに,「そうそう,こういう話があってね…」と,さりげなく話題にしてみましょう。
　雑談の中身によっては,理科を学ぶことの意義や有用性を実感することや,科学への関心を高めるという効果も期待できます。

　さあ,この本を読んで,次の授業でさっそく雑談をしてみましょう。健闘を祈ります。

前川　哲也

Contents

はじめに

1年　第1分野
■ 身近な物理現象
自転車の反射材は光が斜めに入射しても光源側に戻ってくる?! ….. 010
凸レンズで像ができる位置は簡単な公式でわかる?! ….. 014
虫の鳴き声は電話ごしには聴こえない?! ….. 018

1年　第1分野
■ 身の回りの物質
有機物と無機物の区別は厳密には決まっていない?! ….. 022
はちみつは78％以上の砂糖水?! ….. 026
ネコは固体であると同時に液体でもある?! ….. 030

1年　第2分野
■ いろいろな生物とその共通点
出版のために印刷技術を習得した植物学者がいた?! ….. 034
ヒマワリのタネは種子じゃない?! ….. 038
動物たちの糞はいろいろ活用されている?! ….. 042

1年　第2分野
■ 大地の成り立ちと変化
アンモナイトは古生代からいた?! ….. 046

フランス革命の原因の一つに火山の噴火が ?! ……… 050
「震度3」でも深刻な被害 ?! ……… 054

2年　第1分野
■ 電流とその利用
「最小目盛りの10分の1をよむ」は根拠がない ?! ……… 058
灯油用ポリタンクにガソリンを入れると発火する ?! ……… 062
東海道新幹線は東日本の電力では走れない ?! ……… 066

2年　第1分野
■ 化学変化と原子・分子
「ソーダ」の由来は炭酸ナトリウムにありソーダ ?! ……… 070
結局，化学変化は人間関係ならぬ，原子関係 ?! ……… 074
カイロは水が入っているのに濡れないのはなぜ ?! ……… 078

2年　第2分野
■ 生物の体のつくりと働き
アスパラガスの葉は光合成をしていない ?! ……… 082
おなかに開いた穴から胃を調べた医者がいる ?! ……… 086
インドゾウの体の表面積を求める公式がある ?! ……… 090

2年　第2分野
■ 気象とその変化
東京ドームの屋根は空気が支えている ?! ……… 094
気象庁はいまどき百葉箱なんて使っていない ?! ……… 098

| 台風のエネルギー源は水蒸気が隠しもっていた?! ········ 102

3年　第1分野
■ 運動とエネルギー
| 橋を支えているのは三角形だった?! ··············· 106
| 水で鋼材やコンクリート片を切断できる?! ········ 110
| 地震も雷も摩擦で起きる?! ······················· 114

3年　第1分野
■ 化学変化とイオン
| pHはかつて「ピーエイチ」とは読んでいなかった?! ··· 118
| グラウンドに引く「石灰」は,「石灰」じゃない?! ····· 122
| 電池がつくられたきっかけはカエルの脚?! ········ 126

3年　第1分野
■ 科学技術と人間
| 銀のスプーンならアイスクリームは食べやすい?! ··· 130
| かつて,おもちゃや日用品は危険物だった?! ······ 134

3年　第2分野
■ 生命の連続性
| チューリップ農家は開花後,花を摘み取ってしまう?! ··· 138
| 「分子構造発見」の栄誉を受け損ねた女性がいた?! ··· 142
| イルカの祖先はカバだった?! ···················· 146

3年　第2分野
■ 地球と宇宙
| オーストラリアの冬至は夏にある?! ……………………… 150
| 地球の温室効果は金星に比べれば大したことはない?! … 154
| 百人一首では，太陽よりも月が人気?! ………………… 158

3年　第2分野
■ 自然と人間
| 日本はスギ・ヒノキも高齢化社会?! ……………………… 162
| オゾン層破壊のフロンは「夢の化学物質」だった?! … 166

おわりに

■ 1年 第1分野　**身近な物理現象**

自転車の反射材は光が斜めに入射しても光源側に戻ってくる?!

> **どんな場面で使える？**
>
> 　光の反射について学習した場面で使えます。再帰性反射での光の進み方の絶妙さと日常生活への有用性を生徒に感じとってもらえればと思います。

光源に戻る光

　自転車が夜間に自動車と交通事故に遭わないようにするためには，自動車から発見してもらいやすくすることが大切です。それには，反射材用品やライトが有効です。自転車の後ろに赤やオレンジ色のプラスチックでできたものがないでしょうか。それが反射材です。現在は道路交通法によって，自転車は車両後部に反射材か尾灯をつけることが義務づけられています。

　でも，反射というと，真っ先に思い浮かぶのは反射材ではなく，鏡かもしれません。鏡とは何が違うのでしょうか。

　机の上に鏡と反射材を置いて部屋を真っ暗にします。真っ暗な部屋ですから，フラッシュをたいて，この鏡や反射材を斜めの角度から撮影してみましょう。

　その結果が，次の写真です。

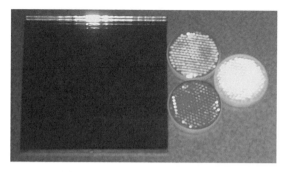

暗闇でフラッシュ撮影した鏡と反射材

鏡は真っ暗なのに、丸い反射材は光っています。反射材だけフラッシュの光を反射したのです。

これは鏡と反射材での反射のしかたが違うためです。普通の鏡は、「反射の法則」にしたがって、入射角と反射角が等しくなるように反射します。このような反射を鏡面反射といいます。鏡面反射では、斜めに光が入射した場合、反射光は反対側に進み、カメラ（光源）側には戻ってきません。だから、カメラに写った鏡は真っ黒だったのです。

ところが、反射材は、普通の鏡と違って、どのように入射しても、カメラ（光源）の方へ光が戻ってくるのです。このような反射を再帰性反射といいます。

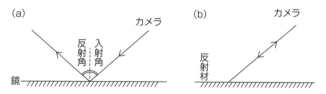

反射した光の進み方。(a)は鏡に反射した場合　(b)は反射材に反射した場合

「反射の法則」の組み合わせ

　反射材で再帰性反射をすることはわかりましたが、では、どうしてこんな光の進み方ができるのでしょうか。入射角と反射角が等しいという「反射の法則」はどうなってしまったのでしょうか。

　反射材を裏側から見ると、立方体の角が並んでいることがわかります。表側から入ってきた光は、ここで鏡と同じように「反射の法則」にしたがって反射するのですが、その反射する面は立方体の角の部分のように3つの面が互いに垂直になっているのです。

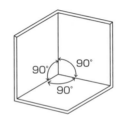

反射材を裏側から見た様子　　**3つの面が互いに垂直になっている**

　すると、ここに入射した光は3つの面のどこかで、「反射の法則」にしたがって反射しますが、その後、また別の鏡に反射し、さらに別の鏡に反射し…と、最大で3回反射をして入射光のやって来た方向に戻っていくことになります。

　反射する面が3枚だと少しややこしいので、2枚で考えてみましょう。

　次の図では2回反射した光の例が2つ示してありますが、1回目の入射角と反射角、2回目の入射角と反射角、それ

ぞれの大きさを合計すると180度になり，最初に入射して
きたときの光と，最後に出ていく光は平行になっている，
つまり，光源側に光が返っていったということになります。
結局，再帰性反射といっても，鏡の反射のパターンを組み
合わせていたものだったわけですね。

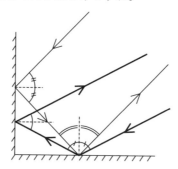

どのような角度で光が入射しても，反射の法則にしたがって
反射を繰り返し，入射光と平行に光が出ていく

　これは，反射材で再帰性反射が起こる仕組みの一例で，
反射材の種類によっては違う仕組みで再帰性反射させてい
るものもあります。
　いずれにしろ，自動車のライトが自転車などについてい
る反射材に当たると，その光が自動車側に戻ってくるので，
運転している人が自転車の存在に早く気づくことができま
す。反射材は自転車だけでなく，道路標識や道路などで作
業する人が着る安全ベスト，そして靴やカバンなどに貼る
ことのできるシールなどもあり，交通安全に大いに役立っ
ています。

■ 1年 第1分野　**身近な物理現象**

凸レンズで像ができる位置は簡単な公式でわかる?!

> **どんな場面で使える?**
>
> 　物体と凸レンズによる像の位置の関係を見いだすときに使えます。シンプルながらも実験結果を正確に示すレンズの公式の「美しさ」は数学が得意な生徒ほどわかるでしょう。

レンズの公式

　「光」の単元では,光学台を使って,凸レンズによる物体の像ができるときに,物体－凸レンズ間の距離 a (cm) と凸レンズ－スクリーン (像) 間の距離 b (cm) の関係や,できる像の種類や向き,大きさについての規則性を見いだす実験があります。

　例えば,ある凸レンズで実験をしたとき,次のような結果になったとしましょう。

a (cm)	60	30	20	15	12
b (cm)	12	15	20	x	60

　さて,ここから凸レンズの焦点距離,そして1か所 x となっているところの値を求めてみましょう。

　こんなときに便利な「レンズの公式」があります。レン

ズの公式とは，a と b そして焦点距離 f の関係式です。

$$\frac{1}{a} + \frac{1}{b} = \frac{1}{f}$$

なんか簡単な式ですが，例えば表の a，b の組み合わせの中から，$a=60$，$b=12$ を選ぶと，$f=10$ になります。つまり，このレンズの焦点距離 f は10cmです。

次に，表の x を求めてみましょう。レンズの公式に $f=10$，$a=15$，$b=x$ を代入して，

$$\frac{1}{15} + \frac{1}{x} = \frac{1}{10}$$

ここから x を求めると，$x=30$ となります。もちろん，実際に30cmのところに像はできます。便利な公式ですね。

ついでに，a が焦点距離の2倍，つまり $a=2f$ のとき，a と b の長さが等しくなりますが，$a=b=2f$ なら，

$$\frac{1}{2f} + \frac{1}{2f} = \frac{2}{2f}$$

$$= \frac{1}{f}$$

と，確かにレンズの公式の通りです。

虚像のときはどうなる？

ここまで検討してきた a の値は，スクリーンに実像ができる焦点距離 f より大きな値だけでした。実験では，他にも焦点の内側に物体を置いたとき，すなわち $a<f$ のとき，スクリーンには像はできず，虚像ができることを確認しま

した。この場合は、レンズの公式は使えるのでしょうか。

焦点の内側に物体を置いたとき、例えば$f=10$cmに対し$a=5$cmの場合を考えてみましょう。

$$\frac{1}{5} + \frac{1}{b} = \frac{1}{10}$$

ここからbを求めると$b=-10$と、マイナスになってしまいました。凸レンズとスクリーン（像）間の距離bがマイナスってどういうことでしょう。

bがプラスの値、例えば$b=20$cmならば、レンズから物体と反対側に20cmのところに像はできます。ならば、bがマイナス、$b=-10$cmとは、レンズから物体と同じ側に10cmのところに像はできるという意味です。

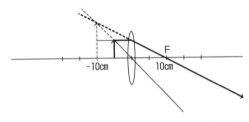

そこに、実物より大きい正立虚像があるように見えるのですね。虫眼鏡で文字などを拡大するのもこのパターンです。レンズの公式はマイナスという手を使って虚像ができることを示してくれるのです。数学が得意な生徒はここまででも、この公式のすごさをわかってもらえたのではないでしょうか。

「像ができない」ときの b の値は？

最後に，焦点の位置に物体を置いたときについて考えてみます。

実験では，どこにも像は——実像はもちろんのこと虚像さえも——できないという結果でした。

では，この場合，レンズの公式で b の値はどうなるのでしょうか。レンズの公式に $f = a$ を代入してみます。

$$\frac{1}{a} + \frac{1}{b} = \frac{1}{a}$$

両辺に $\frac{1}{a}$ がありますね。消しましょう。

$$\frac{1}{b} = 0$$

両辺に b をかけて，

$$\frac{b}{b} = 0\,b$$

b は分数の分母ということは，b は０ではないはずですから，$\frac{b}{b}$ は約分して１になるはず。でも $0b = 0$ です。この明らかにおかしい式を満たす，そんな b の値はいくつでしょうか。そう，ゼロに何をかけてもゼロだから…ゼロだから…どんな数字を b に入れても式は成立しない，つまり，そんな b は存在しない。「像はできない」，この結果までもレンズの公式はきちんと示しているのです。

見事にあらゆるパターンを表現しきったレンズの公式の「美しさ」，あなたは感じていただけたでしょうか。

■ 1年 第1分野　身近な物理現象

虫の鳴き声は
電話ごしには聴こえない?!

> **どんな場面で使える?**
>
> 音の大小と高低についての学習で使えます。特に音の高さを決める振動数の単位 Hz(ヘルツ)に慣れ，何 Hz がどのくらいの高さかという感覚をつけてもらえればと思います。

音の大小と高低

　例えば「重力が大きい」といっても「重力が高い」とはいいません。それに対し，「気温が高い」とはいっても「気温が大きい」とはいいませんね。

　圧力はどうでしょう。「圧力が大きい」「圧力が高い」これはどちらも同じ意味で使われます。そして「音が大きい」「音が高い」これも両方使われますが，理科ではこの2つは意味を区別して使われます。「音が大きい」は振幅が大きい，「音が高い」は振動数が大きいのでしたね。ボリュームとトーンともいえます。

　ところが，日常生活では，理科でいう「音（声）が大きい・小さい」という意味で「音（声）が高い・低い」ということもあります。

　「テレビの音が高い」「しっ！　声が高い」というときは，

甲高い音だといっているのではなく，音量が大きいことをいっているのは明らかです。「声高らかに歌う」「声高に叫ぶ」という表現も，同様です。

国語辞典にも「高い」という語を調べると，「高い声」という例を出しながら，振動数が多いということだけではなく，大きい，強いという意味も示されています。

古典でも，例えば枕草子の第百二段『中納言参りたまひて…』に，

「…まことにかばかりのは見えざりつ。」
と言高（こと たか）くのたまへば，

という一節があります。現代語に訳すると，

「…本当にこれほどの物は見たことがありません。」
と声を大きくおっしゃるので，

となります。この話の流れで甲高い声でおっしゃるのは，明らかにおかしい。ということは古典でも理科でいう音（声）が「大きい」ことを「高い」と表現していたのです。

日常生活では昔から音が「大きい」という意味で「高い」と表現することがありますが，理科の授業では明確に区別して使いましょう。

聴力検査で何がわかる？

健康診断で，聴力検査をすることがあります。ヘッドホンをして左右それぞれの耳で，ヘッドホンから出る低い音と高い音が聴きとれるかどうかを調べます。

この低い音と高い音は，1,000Hz と 4,000Hz の振動数の

音が一般的に使われています。どうしてこの2つなのでしょうか。

日常会話に使われる音域は大体500Hz～2,000Hzの振動数です。そのため、1,000Hzの検査では、日常生活で音を聴きとれるかどうかがわかります。

そして、騒音が原因による難聴、騒音性難聴になると、まず4,000Hzあたりの音だけが特に聴きとりにくくなるという特徴があります。そこで、4,000Hzの音が聴きとれるか検査することで騒音性難聴を早期発見できるのです。

騒音性難聴が進行すると、4,000Hzだけでなく、他の高い音域も段々聴こえにくくなり、さらに進むと、日常生活でよく使う音域も聴こえにくくなってきます。

特にスマートフォンやオーディオ・プレーヤーの音をヘッドホンで長時間聴くことの多い人は騒音性難聴になる危険性が高いといわれています。気をつけましょう。

電話で聴こえない音がある

夏の暑い時期にセミの鳴き声をよく聴きます。また、涼しくなった秋の夜長に聴こえる虫の声も風情があります。

ところが、あるテレビ番組でスズムシが鳴いている様子を電話ごしに聴かせようとしたところ、その電話の相手にはスズムシの鳴き声はまったく聴こえなかった、ということがありました。

「秋の虫の声は小さいから電話では聴こえないからかな」と考えた人もいるかもしれません。でもそうではなく、虫

の声が高いから聴こえなかったのです。

　スズムシやセミの鳴き声の高さは，約4,000〜4,500Hz，キリギリスに至っては5,000Hz〜30,000Hzとさらに高いです。2014年に発見されたスペルソヌス（Supersonus）属のキリギリス種は，15万Hzと動物界で最も高い音を出します。人が聴こえる範囲は，個人差はありますが，大体20〜20,000Hzなのでその声はもはや聴こえません。

　一方，電話は300Hz〜3,400Hzの音が伝わるようにつくられています。これは，日常会話の音声を聴き分け，意思疎通をするには問題がない範囲ではあるものの，人間が聴こえるすべての周波数までは含まれていません。声が高めの人の場合，声を直接聴いたときと電話ごしで聴いたときでは何となく声が違う感じがするのは，3,400Hzより高い音がカットされているからです。まして，4,000Hz以上の虫の声は電話では聴こえないのです。

　ただし，電話でもスマートフォンで使われているVoLTEというサービスを使うと，虫の声がしっかり通話相手に聴こえます。VoLTEの場合，50〜7,000Hzの範囲の音が伝えることができ，スズムシやセミの鳴き声もカバーできるようになったためです。

〈参考文献〉
・KKC 一般財団法人 近畿健康管理センター
　https://www.zai-kkc.or.jp/doc/glossary02/audiometry.pdf

■ 1年 第1分野 **身の回りの物質**

有機物と無機物の区別は厳密には決まっていない?!

> **どんな場面で使える?**
>
> 有機物と無機物について学習するときにも使えますが,光合成で有機物ができることや分解者が有機物を無機物に分解することを学習するときなどにも使えます。

炭素を含む化合物

「有機物」という言葉は中学校で出てきますが,教科書ではよく「炭素を含む物質」または「加熱すると黒く焦げて炭になったり,燃えて二酸化炭素が発生したりする物質」を有機物,有機物以外の物質を無機物としています。

ただし,例外として二酸化炭素は炭素を含む物質ですが無機物ですし,炭素も燃えて二酸化炭素が発生しますが無機物に分類されています。

その他,ガスなどの有機物が不完全燃焼のときに発生する一酸化炭素や,二酸化炭素が水に溶けてできる炭酸,さらにその炭酸が化学変化してできる炭酸カルシウムや炭酸水素ナトリウムなどの炭酸塩も炭素を含んでいますが,無機物に分類されています。

人工的にはつくれないという物質

ではなぜ，物質を有機物と無機物に分類しているのでしょうか。

もともと，生物を構成する物質は生命力があると考えられ，スウェーデンの化学者ベリセリウスは生物から得られる物質を有機物，それ以外の物質を無機物と分類し，生命の力なしに無機物から有機物をつくることはできないと考えられていました。これを生気説といいます。

呼吸によって吐き出される二酸化炭素は生命に不要な無機物ですが，その二酸化炭素を材料に植物が光合成でつくるデンプンは有機物です。私たちは二酸化炭素をいくら取り入れてもそこからエネルギーを得ることはできませんが，有機物のデンプンは私たちのからだにとってエネルギーになります。

私たちは有機物からしかエネルギーを得ることができないので，無機物から有機物をつくるということはエネルギーをつくるということでもありますが，まさにそれは生命のもつ力によるものだと考えられていたのです。

ところが，1828年，ベリセリウスの弟子であるドイツの化学者ウェーラーが無機物であるシアン酸アンモニウムの水溶液を加熱したら，有機物とされていた，つまり合成できないはずの尿素ができてしまいました。これを皮切りに無機物から有機物を人工的に合成できた事例がいくつも発見され，生気説は衰退していったのです。

有機物か無機物か？

そして，現在では有機物と無機物については，一応は炭素に注目して定義していますが，生気説時代の分類とあまりずれないように例外を設けています。ただし，有機物と無機物を明確に線引きできるような定義はありません。

そのため，二酸化炭素，炭素の単体のような誰もが認める例外はともかく，炭素を含んでいるけれど有機物にしていいのか無機物にすべきか判断に迷いそうな物質はいくつも出てきます。

例えばメタンCH_4は有機物ですが，この水素が全部塩素になった四塩化炭素CCl_4となると，炭素を含んでいますが無機物とする考えもあります。中学校理科の教科書には有機物を燃やすと二酸化炭素と水が発生すると書かれているものもよくありますが，四塩化炭素は水素を含まないので，燃やしても水はできません。また，エコカイロや食品添加物に使われている酢酸ナトリウムという物質も迷うところです。有機物の酢酸由来ですから有機物にしたいところですが，無機物の金属塩のようなふるまいもします。そのため有機化学でも無機化学でも扱われている物質です。

もっとも，有機物か無機物か明らかに分類できる物質はともかく，四塩化炭素や酢酸ナトリウムのような微妙な物質を例に挙げて有機物か無機物かと線引きするのも，あまり科学の本質とは関係なさそうなところもありますから，無理に線引きして違和感のある物質をつくるより，曖昧にしていた方がいろいろといいのかもしれませんね。

ヒトは有機物？

　有機物・無機物のところを学習する授業で，よく生徒から「ヒトは有機物ですか？」という質問が出てきます。

　あなたなら，この質問にどう答えるでしょうか。ちょっと考えてみてください。

　ここまでふれた有機物の定義から考えてみると，ヒトは（ちょっと怖い話ですが）燃えると炭化するので有機物だ，と答える人が多いのではないでしょうか。

　でも，理科の，特に「身の回りの物質」の単元の授業としては，その答えでは×をつけなければなりません。どうしてでしょうか。

　この単元の最初では，物質と物体の区別について学習したと思います。そこをふまえて質問です。

　ヒトは水や砂糖，二酸化炭素とかのような「物質」でしょうか。「物質」ではなく「物体」ですね。

　でも「有機物」「無機物」は，「物質」の分類ですから，物体であるヒトを物質の分類に当てはめようとするのは「ヒトは被子植物か裸子植物か？」という質問と同じように，質問自体に無理があるわけです。

　ヒトのからだは60～70％が無機物の水でできています。次に多いのがタンパク質，それから脂肪と続きますが，これらは有機物です。すなわち，私たちヒトのからだは無機物と有機物の両方でできている物体なのです。

■ 1年 第1分野 **身の回りの物質**

はちみつは
78%以上の砂糖水?!

> **どんな場面で使える?**
>
> 「水溶液」で質量パーセント濃度について学習した際に使えます。濃度の考え方がどのようなところに活用されているかを知って,濃度を学ぶ意義を感じてもらいたいです。

何を基準にするか

中学校で濃度といえば「質量パーセント濃度」といって,溶質の質量の水溶液の質量に対する割合を百分率(パーセント)で表したものです。別のいい方をすると,「水溶液100gに対し溶質が何gあるか」ということで,水溶液の質量を基準としています。

一方,溶解度では水溶液100gではなく,水100gに対し,溶質が何gあるか,ということで,基準は水溶液ではなく溶質である水の質量となっています。だから例えば,水100gに10gの砂糖が溶けたとして,その質量パーセント濃度は10/100=10%ではなく,10/(10+100)≒9.1%となり,計算はちょっとしづらくなります。

ただ,分母を水の質量にして濃度を計算するという考え方は,高校で登場します。もちろん,「質量パーセント濃

度」ではありません。濃度は何を基準にするかによって，何種類かの表し方があるのです。

エタノールの濃度は体積が基準

　エタノールはエチルアルコールともいい，お酒に含まれるアルコールです。液体は質量で測るよりも体積で測る方が容易なため，「質量パーセント濃度」ならぬ「体積パーセント濃度」で濃度を表すことが多いです。

　体積パーセント濃度とは，水溶液の体積に対する，混合前の溶質（エタノール）の体積の割合の百分率をいいます。

　例えば，エタノール50mLと水50mLを混ぜたとします。このとき，水溶液は50＋50＝100mLとならずに，約96mLと体積が少し減ってしまいます。

　そうするとこの体積パーセント濃度は50mL／96mL×100％≒52％となります。

　お酒のアルコール濃度（エタノールの濃度）も「体積パーセント濃度」を使っています。単位は，パーセントの他，「度」を使うこともありますが，どちらも同じ意味です。

　薬局でエタノールを探すと「消毒用エタノール（消毒用アルコール）」と「無水エタノール（無水アルコール）」とがおいてあります。

　消毒用エタノールは，体積パーセント濃度で80％前後です。エタノールによる消毒の効果は60〜95％で高く，それより濃度が低くても高くても消毒効果が落ちてしまいます。また，一部の消毒用エタノールにはエタノール以外のアル

コールが含まれていることもあります。

無水アルコールは文字通り水がない、つまり濃度100％の（正確にはわずかに水が含まれ、99.5％程度ですが）エタノールで、消毒効果はほとんどありませんが、水が使えないパソコンなどの精密機器や電化製品の拭き掃除や汚れ落としに使えます。水分が含まれていないため、水拭きしても水滴の跡が残らず、ピカピカになることも大きなメリットです。

糖度は砂糖の濃度をもとにしている

では、中学校で学習する質量パーセント濃度は、どのような場面で使われているのでしょうか。

スーパーの青果物売り場で糖度が表示してある果物や野菜を見かけることがあります。実はこの糖度が、糖の質量パーセント濃度をもとにしているのです。

空気から水面に光が入るとき、光は屈折しますが、水の代わりに砂糖水にした場合、その濃度によって、同じように入射した光でもどれだけ屈折するかが変わります。これを利用して屈折式糖度計がつくられています。

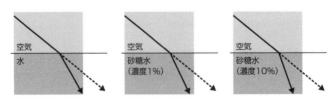

同じように入射しても濃度によって屈折角が違う！
→屈折角の大きさで濃度がわかる！

ただし，砂糖水ならともかく，農産物などは砂糖以外の物も含まれています。でもとりあえずそこは目をつぶって，屈折の度合いが何％の砂糖水に相当するかを屈折式糖度計で読みとり，その値が「糖度〇度」として表示されています。この値をBrix値といいます。
　なので厳密にいうと，糖度が高い→砂糖がたくさん溶けている→甘い，とは限らないのです。

　糖度は，ジャムにも使われています。糖度40度以上55度未満が低糖度，糖度55度以上65度未満が中糖度，糖度65度以上が高糖度と分類されるそうです。糖度65度ってことは，約3分の2，300ｇのジャムがあれば，200ｇまでが糖分です。100ｇの水に200ｇも300ｇも溶ける砂糖（ショ糖）だからできる話ですね。
　さらにそれを上回る糖度が出てくるのがハチミツです。ミツバチが花の蜜を集めて，それを水を蒸発させて濃縮したものですが，日本ミツバチによるハチミツの糖度は78度以上にもなるといわれています。ハチミツはそのほとんどが糖分なのです。

■ 1年 第1分野　**身の回りの物質**

ネコは固体であると同時に
液体でもある?!

> **どんな場面で使える？**
>
> 　状態変化の学習で，固体・液体・気体の状態が体積と形が変えられるかという見方で判断できることを確認した場面で使えます。

「液体とは何か」…何だっけ？

　小学校の段階で，氷は固体，水は液体，水蒸気は気体ということは学習します。そして，氷，水，水蒸気以外の固体，液体，気体の物質の例をいくつも挙げられるでしょう。

　しかし，改めて「液体（固体，気体）とは何ですか？」と質問されると，どう説明してよいのか困る人も多いのではないでしょうか。「液体は水みたいなもの」と説明する人もいるかもしれません。でも，水のどんなところが液体なのかにふれていないので，あまりよい説明とはいえません。

　固体，液体，気体は物質を入れる容器によって形と体積が変えられるかで区別をつけることができます。すなわち，固体なら，容器を変えても形は変わりませんので，体積も変わりません。液体なら，容器の形にあわせて液体の形が

変わりますが，体積は変わりません。気体なら，形はおろか，体積まで変わってしまいます。

では，この定義をもとに次の物質は固体，液体，気体のどれかを考えてみましょう。

①こんにゃく　②スライム　③マヨネーズ　④はちみつ

かろうじてこんにゃくは形があるから固体，はちみつはドロッとしていても瓶や容器の形になっているから液体…といえそうでしょうが，スライムやマヨネーズはどうでしょうか。形があるといえばあるような，ないといえばないような，固体か液体か迷いますね。そのような物質はほかにもあります。

1927年から今も続く実験

オーストラリアのクイーンズランド大学で行われている「ピッチドロップ実験」とよばれる実験は，1927年から現在まで続いており，世界最長の実験とギネスにも認定されています。2005年には，この研究をしたパーネル教授とメインストーン教授が「人々を笑わせ，そして考えさせてくれる研究」に対して贈られるイグノーベル物理学賞を受賞しました。

実験は至ってシンプルです。「ピッチ」という石油から精製される黒い樹脂を漏斗に入れ，漏斗の足からピッチのしずく（ピッチドロップ）が流れていくのを待つ，ただそれだけです。

ところがこのピッチは水の1000億倍というものすごく粘

り気が強い物質なのです。90年以上も実験は続いているのに，2018年現在，まだ9滴しかたれていないのです。ほぼ10年でやっと1滴たれるという気の長い実験です。ちなみに最後に垂れた9滴目は，漏斗からたれてきたピッチを受けとめるビーカーを取り替える際にちぎれてしまいました。

　元々このピッチは硬くて，ハンマーでたたくと粉々に砕けてしまいます。その点では固体に見えます。一方で，この実験のように10年に1滴とはいえ，しずくが垂れるということは容器の形に添って変形するという液体の定義に合致します。ただ変形するまでの時間が長く，ちょっと見ただけでは，とても変形しているようには見えないというだけです。

　元々はこの実験，一見固体のように見える物質の中には，実は非常に粘度の高い流体もあるということを示すための実験でしたが，さて，このピッチは固体でしょうか，液体でしょうか？

ネコが液体?!　どういうこと？

　では，動物のネコは固体，液体，気体のどれでしょうか。普通に考えれば，ネコは形があるのだから固体となるのでしょう。しかし，ネコを飼っている人なら，よく段ボール箱などの容器にきちんと収まって入っていたり，夏の暑いときにダラーンと伸びていたりする姿を見かけるのではないでしょうか。そこから，いつしかネットでは洗面台や瓶，時には鍋やワイングラスにすっぽり収まっている写真とと

もに,「ネコは液体じゃないか」とジョーク交じりで話題になっていました。

　ここまでだったら,ネットでよくありふれたおふざけのレベルにとどまっていたのですが,パリ・ディドロ大学のマーク・アントワン・ファルダン氏が,「ネコは液体か」という疑問を検証し,論文として発表しました。

　その論文には,容器の形に収まった猫の写真が多用され,また,日本の猫カフェなどにも言及しているなどジョークも多分に含まれている半面,検証にはレオロジーという物質の変形や流動について扱う科学の手法を用いており,論文自体もレオロジーについての学術雑誌に正式に掲載されたものです。

　そしてその論文がきっかけで,ファルダン氏も2017年にイグノーベル物理学賞を受賞しました。授賞式のスピーチでは,様々な容器にすっぽり収まる猫の写真を示して,「液体は容器にその形状を適合させることができるという定義がされていますが,ネコはそれに当てはまります」と話し,会場は笑いに包まれました。

〈参考文献〉
- Pitch Drop experiment
  https://smp.uq.edu.au/pitch-drop-experiment
- M.A. Fardin. On the rheology of cats. *Rheology Bulletin*, 2014,83(2)p16-17,30.

■ 1年 第2分野　いろいろな生物とその共通点

出版のために
印刷技術を習得した植物学者がいた？!

> **どんな場面で使える？**
>
> 「生物の観察」でスケッチを身につけさせるときに使います。スケッチすることの意義を理解し，正確なスケッチをしっかりかくように意識させたいところです。

スケッチのポイントは「正確にかく」

スケッチをかくときに注意することはいくつかあります。
① 削った鉛筆を使い，細い線や小さな点ではっきりかく。
② 輪郭の線を二重にしない。
③ 塗りつぶしたり影をつけたりしない。
④ 対象とするものだけをかく。背景や周囲のもの，顕微鏡観察時の視野の円などはかかない。
⑤ 気づいたことなどを言葉で記録する。
…と，いろいろありますが，最大のポイントは「正確にかくこと」です。

そういう視点で注意点を見ていくと①は，太い線よりは細い線でかいた方が正確にかけるからです。②は輪郭が二重だと，少なくともどちらかは不正確になりますからね。③は塗りつぶしや影でかいた線も，そのような構造がある

という意味になってしまうので，正しい記録になりません。④はスケッチをする以上正確にかかなくてはいけないので，どうでもいい部分はかく必要がないためです。⑤はより正確さを伝えるために言葉を使うのです。…すべては正確な記録のために，なのですね。

　汚いものをスケッチする場合，それが美術のスケッチなら美化してかくことも一つの芸術なのかもしれません。しかし，理科のスケッチは観察結果の記録ですから，汚いものは正確に汚くかくことが求められるのです。理科のスケッチは美術のそれとは違うのです。

スケッチVS写真

　皆さんは，スケッチをしているときに，「こんなの写真を撮れば簡単なのに…」と思ったことはないでしょうか。

　確かにデジタルカメラの普及やデジタル顕微鏡の登場によって，シャッター一つで正確な記録が残せるようになりました。そんな時代に，わざわざ時間をかけてスケッチをするのに何の意味があるのでしょうか。

　スケッチをするにはしっかり観察することが必要になります。しっかり観察して，対象物のもつ特徴に気づくこと，これが学校でスケッチをするねらいなのです。

　例えば，何も見ないで学校の校章や自分のもっている腕時計のデザインを正確にかけるでしょうか。普段眺めて，よく知っているはずのものでさえ，なかなか正確にはかけないのではないでしょうか。

同様に，観察記録を安易にデジカメなどで撮影しただけで観察を終わりにして，じっくり観察すれば気づくはずの形態や特徴を見落としてしまうことが起こります。

そこでスケッチのために視点をもって対象物をじっくり観察することで，その特徴に気づきやすくなるのです。

スケッチが上手にかけるということは，「観察力」がついているということでもあるんですね。

牧野富太郎のこだわり

「日本の植物学の父」とまでよばれる牧野富太郎は，小学校中退でありながら理学博士の学位を得て，600種以上の新種を発見し，2500種以上の命名も行い，残した標本はなんと50万点以上もありました。まさに近代植物分類学の権威ともいえる人です。「牧野日本植物図鑑」をはじめとする著作も多く，現在でも出版されています。

牧野の著作には，当然植物も登場しますが，図鑑を含め，植物を写真ではなく，牧野自身がかいた図で紹介しています。これはもちろん牧野が植物画も得意だったということはありますが，これによって，単に正確さを期すだけではなく，角度を工夫することによって，その植物の特徴をわかりやすくするねらいがあると考えられています。

しかし，「日本の植物学の父」とよばれた牧野の植物画へのこだわりはこれだけではありません。

筆は毛先の細い面相筆を使い，絵の具はイギリスの最高級品であるウインザー＆ニュートン社製のものを使ってい

ました。それでも絵の具の退色や印刷で色が変わることを嫌って，基本的には色を着けず，線だけで植物画をかいていました。

　極めつけは，明治21年，牧野が26歳のとき，『日本植物志図篇』を初めて刊行しましたが，このときは自らかいた植物図を自ら石板で製版印刷しました。そのために牧野は，一年間かけて石版屋で石版印刷の技術を習得までしていたというのですから植物画へのこだわりも半端なものではありませんね。

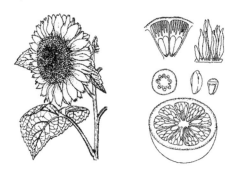

牧野富太郎の植物画　左：ヒマワリ　右：ミカン
※牧野富太郎『植物知識』より

〈参考文献〉
・牧野富太郎『牧野日本植物図鑑』北隆館，1940
・牧野富太郎『植物知識』講談社，1981
・前川哲也「中学校理科教師のためのチェックリスト・観察記録としてのスケッチ」『理科の教育』Vol.65 No.770，東洋館出版社，2016.9

■ 1年 第2分野　いろいろな生物とその共通点

ヒマワリのタネは
種子じゃない?!

> **どんな場面で使える?**
>
> 花のつくりと働きを学習した際に使えます。いろいろな植物の果実や種子を知ることで,それまでもっていた果実の概念を,生徒自身が実感しながら変えていけるとベストです。

まずは果実の構造を

被子植物のめしべの下部にある膨らんだ部分が子房で,その子房の中で胚珠を包んでいる部分は子房壁とよばれます。受粉によって成熟してくると子房が果実に,胚珠が種子になりますが,子房壁は「果皮」というものになります。

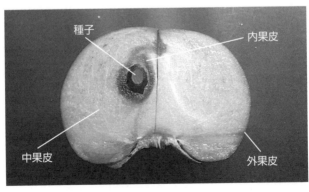

果実のつくり(カキの例)

果皮は外側から、外果皮、中果皮、内果皮の3つに分けられ、種子は内果皮に包まれています。

カキでいえば、外果皮は食べるときにむく「皮」の部分が、中果皮は肉厚の食べる部分が、内果皮は種子の周りの柔らかい部分がそれぞれ当たります。

梅干しのタネは種子じゃない

カキやモモの場合、普通これらの柔らかい果肉の部分を食べますが、中にある堅い「タネ」は残しますね。あのタネは、カキでは確かに種子なのですが、モモの場合はちょっと違うのです。

モモの「タネ」の表面は、内果皮が硬く変化したもので核とよばれます。この核の中に種子が隠されているのです。

このような果実を核果といい、ウメやアンズが核果の仲間になります。ウメの果実を塩漬けして日干しにすると梅干しになりますが、あの梅干しのタネも種子ではなく核なのです。

アンズは漢字で書くと「杏」です。そして、核の中にある種子は「仁」とよばれます。したがって「杏仁(きょうにん)」というとアンズの種子を指しますが、これは喘息や咳止めに効果のある生薬でもあります。ところが、「良薬は口に苦し」の諺の通り、薬になる杏仁には苦味が強く、飲みにくいという欠点がありました。そこで、杏仁をすりつぶして甘味を加えるなど食べやすくする工夫がされました。そうしてできたのが杏仁豆腐で、デザートにふさわしい薬膳料理と

して広まっていきました。

ヒマワリのタネは果実だった

「果実」は英語では fruit です。フルーツというと，果物，それこそカキやモモのような柔らかくてみずみずしい甘いものが頭に浮かぶ人は多いでしょう。しかし，果実はそれだけではないのです。

ハムスターや小鳥の餌でおなじみの「ヒマワリのタネ」。あれもタネといいながらも「種子」ではありません。一見種子に見えますが，薄くて硬い乾燥した果皮が種皮（種子の外側の皮）と密着しているため，あくまでも果実なのです。このような果実を痩果といいます。ヒマワリの本当の種子は，果皮にあたる果実の殻をむくと出てきます。

カキやモモのようなみずみずしい果実を液果というのに対し，ヒマワリのタネのような，果皮が乾燥した果実を乾果といいます。乾果の例としては痩果のヒマワリの他にも外側が堅い果実である「堅果」のグループであるヤシの実やドングリなどがあります。確かに，ヤシの実やドングリなら，「実」（果実）ですが，ちっともみずみずしくないですよね。

イチゴの赤いアレは果実ですらなく

イチゴはどうでしょうか。赤い果実の表面につぶつぶの種子があるように見えます。でも，ふつう果実は種子を覆うものなのに，イチゴでは種子が果実の外側にあるという

ことになってしまいます。何か変ですね。

　そう、赤い部分は果実でもなければ、表面のつぶつぶも種子ではないのです。つぶつぶの正体は果実なのです。ヒマワリのタネと同じ痩果で、この中に種子はあります。

　だとすると、あの赤い部分は何なのでしょう。あれは花床といい、花でめしべやおしべ、萼片、花弁などがつく土台の部分です。土台が果実よりもはるかに大きく成長して果実を押し上げたのです。

　このような、子房でない部分によってできている「偽物の果実」を偽果とよんでいます。イチゴの他にはリンゴやナシ、イチジクなどが偽果の仲間です。

イチゴのつくり

〈参考文献〉
・稲垣栄洋，西本眞理子絵『スイカのタネはなぜ散らばっているのか　タネたちのすごい戦略』草思社，2017

■ 1年 第2分野　いろいろな生物とその共通点

動物たちの糞は
いろいろ活用されている?!

> **どんな場面で使える?**
>
> 　肉食性と草食性のほ乳類のからだのつくりを比較する場面のほか，消化と吸収の仕組みについて学習する際にも使えます。

肉食性の糞，草食性の糞

　哺乳類には肉食性のものや草食性のものがあり，授業ではよく目のつき方や，犬歯や臼歯をはじめとする歯の様子，消化管の長さなどの項目を挙げて両者の比較をしています。

　ほかにも，肉食性か草食性かで異なった特徴をもっているものに，糞があります。

　ライオンなど肉食性の哺乳類は，食べている肉の栄養価が高く，体内で吸収されるため，糞の量は少ないです。また，たくさんのたんぱく質や脂質を分解するため，強烈なにおいがします。

　これに対して，シマウマなど草食性の哺乳類の糞は，量が多く，また栄養が十分に消化されていないことが多いです。これは，草，つまり植物は動物にない細胞壁をもっていることによります。この細胞壁はセルロースとよばれる

炭水化物が主成分で，これがなかなか消化されないのです。そして，あまり臭くないことも草食性の哺乳類の糞の特徴です。

ライオンの糞でシカを避ける

ところで，シカなどの動物が鉄道の線路内に立ち入り，列車と接触する事故が問題となっています。事故が起こると，列車の遅れや運休につながりますし，死体の処理も大変。もちろん，シカも気の毒です。

そこで注目されたのが，シカの天敵である猛獣の糞。

ライオンやトラなどの猛獣の糞がシカよけに効果があったという研究を聞いて，2003年にJR西日本では接触事故の多発する紀勢線で，ライオンの糞を水で溶いたものを線路沿いに散布したところ，3ヶ月以上にわたってシカとの接触事故がピタリとなくなりました。しかし，ライオンの糞の悪臭はシカどころか人にまで嫌われ，苦情がきたことや，手作業で行われる糞の散布の負担，さらには環境への配慮などの事情でやめてしまいました。

その後，同様にシカとの接触事故への対策を迫られていたJR東日本は，2007年に岩手大との共同研究で，ライオンの糞からつくったシカを遠ざける効果がある臭くない忌避剤を開発しました。実際に線路沿線に散布してシカ対策の一環として利用しています。

ゾウの糞から紙やコーヒーができる

ELEPHANT DUNG PAPERという紙があります。DUNGとは糞のことで、「ゾウの糞の紙」です。

草食性の動物であるゾウの糞は繊維がいっぱいです。ゾウの糞を煮沸して繊維だけを取り出して、さらにミキサーで攪拌し、人の手で一枚ずつ漉いていくと、立派な紙ができます。繊維の模様もあり、和紙に似た風合いです。そして臭くありません。

また、「幻の逸品」とまで言われる超高級品のコーヒー豆「ブラックアイボリー」は、なんとゾウの糞の中から取り出されたものです。

そのままコーヒーにしても十分高級なコーヒー豆なのに、それをゾウに食べさせるのです。すると、ゾウの消化酵素によって苦味成分が分解され、一緒に食べた果物などによって独特の香りももつようになるのです。

竹を食べる肉食動物・パンダ

パンダが食べるのは竹やササ、つまり草です。草を食べる動物は普通、繊維質の消化を助けるため消化器官が比較的長いのですが、ジャイアントパンダはそうなってはいません。パンダの腸の中には食物繊維の成分であるセルロースを食べる細菌がいて、それが消化を助けているのではないか、と考えられています。

それでもパンダは食べた餌の2割しか消化できません。つまり糞はほとんど消化されていないので、匂いをかげば

植物の香りがします。

　中国ではパンダの糞を肥料にして栽培したお茶や，パンダの糞や食べ残しのササからつくったティッシュペーパーやトイレットペーパーなどがあります。

〈参考文献〉
- "獅子フン迅" シカよけ特効薬にライオンの糞成分（産経新聞 2007.09.02）
- ツシッタ・ラナシンハ作，秋沢淳子訳『ぼくのウンチはなんになる？』ミチコーポレーション，2006
- ジャイアントパンダの消化器系，タケ食適応に進化せず 中国研究
  http://www.afpbb.com/articles/-/3049175?ctm_campaign=txt_topics
- 上野動物園のパンダ情報サイト UENO-PANDA.JP
  http://www.ueno-panda.jp/dictionary/answer10.html

1年 第2分野 大地の成り立ちと変化

アンモナイトは古生代からいた?!

どんな場面で使える?

化石の学習の際,中生代の示準化石の例として学習します。アンモナイトを紹介することで,今はいない昔の生物にも関心をもち,2年で学習する生物の進化にもつなげていきます。

アンモナイトはどんな生物か

化石と言ってすぐに思いつく生物としてアンモナイトを挙げる人も多いと思います。では,アンモナイトはどんな生物なのでしょうか。

アンモナイトの化石は,カタツムリに似ています。確かにカタツムリもアンモナイトも軟体動物のなかまです。しかし,軟体動物の中では,カタツムリは腹足綱,アンモナイトはイカやタコ,オウムガイなどとともに頭足綱という別のグループに分類されます。

オウムガイ※すみだ水族館にて筆者撮影

アンモナイトは,化石で残っている殻の部分のほかに軟体の部分もあるはずなのですが,その部分は化石として非常

に残りにくく,現在でも軟体部の化石は見つかっていないため,その姿はわかっておらず,想像に頼るしかありません。

アンモナイトは古生代からいた?!

　中学校の理科の授業では,アンモナイトは中生代の示準化石の例として登場しますが,おかしなことに,アンモナイトは古生代のシルル紀もしくはデボン紀に出現したと考えられています。

　どういうことでしょうか。これは,「アンモナイト」とよばれる生物の範囲を広く捉える場合と狭く捉える場合があるためのようです。頭足綱の生物は,オウムガイ亜綱,タコやイカなどが属する鞘形亜綱,そしてアンモナイト亜綱と大きく3つの亜綱とよばれるグループに分類することができます。この中でアンモナイト亜綱こそが私たちが普段アンモナイトとよんでいるもので,その化石は世界中で約1万種類見つかっています。

　アンモナイト亜綱は,さらに細かくゴニアタイト目,セラタイト目,アンモナイト目に分類され,ゴニアタイト目,

アンモナイトの化石

セラタイト目は古生代に出現しましたが，アンモナイト目は中生代の三畳紀に出現し，白亜紀に絶滅しています。そのため，「アンモナイトは中生代の示準化石だ」というとき，「アンモナイト」は「アンモナイト目」を指していると解釈すれば，決して間違っているわけではないのです。

紛らわしいので，アンモナイト亜綱を「アンモノイド」とよぶこともあります。

アンモナイトは示準化石

アンモナイトは示準化石です。示準化石とは，地層の堆積した年代を探るヒントになる化石です。示準化石になる生物には，2つの特徴があります。

一つは広い範囲で多数発見される，という点です。示準化石として利用しようとしても，その化石自体がレア物だったら，その化石を利用して時代を推定する，なんて機会はめったにありませんからね。その点，アンモナイトは，世界中の海で繁栄していたのでこの点はバッチリです。

もう一つは，短い年代にしか存在しなかった，という点です。古生代からずっと形を変えず現在も生きている生物がいたとして，ある地層からその化石が見つかったとしても，古生代かもしれないし，中生代かもしれないし，新生代かもしれません。存在していた時代が短いほど，細かく時代が特定できるわけです。

アンモナイトが示準化石として優れているのは，単に（アンモナイト目は）中生代だけに存在していた，という

ことだけではありません。

　アンモナイトは進化の速度が速いため、短い期間で形態が変化してしまいます。そのため、アンモナイトと一括りに見て「中生代」と大雑把に時代を特定するのではなく、進化して変わっていったアンモナイトの縫合線や殻の形態などから鑑定していくことで、「中生代の白亜紀のセノマニアンの前期」などと細かく時代を特定できるところにあるのです。

アンモナイトとアンモニア

　アンモナイトの語源は、古代エジプトの太陽神アモンです。アモン神は、頭にらせん状に巻いた角をもっており、それに似ているということで「アモン（Ammon）の石(-ites)」という意味の「アンモナイト（Ammonites）」とよばれています。なお、気体の「アンモニア(ammonia)」も、アモン神が由来です。アモン神の神殿へ参拝するためにたくさんの人がラクダに乗ってきました。そのラクダの糞からつくられた肥料は、「アモンの塩(sal ammonicus)」とよばれていました。成分は現在の塩化アンモニウムで、これからつくられた気体に「アンモニア」と名前がついたのです。

〈参考文献〉
・国立科学博物館編，重田康成著『アンモナイト学　絶滅生物の知・形・美』東海大学出版会，2001

■ 1年　第2分野　**大地の成り立ちと変化**

フランス革命の原因の一つに
火山の噴火が?!

> **どんな場面で使える？**
>
> 火山災害を扱う際に使えます。時には火山の噴火が人類の歴史を変えることもあるということを紹介し，火山への畏敬の念を深めようとする心情を育みましょう。

フランス革命の隠れた原因

　フランス革命は，1789年にフランスで起きた市民革命運動です。不平等な封建制度や厳しい経済状況の中，自由を求める啓蒙思想が広まっていった中で起こったといわれています。しかし，革命の数年前に起こった火山の噴火も，深くかかわっていると考えられています。

　どういうことでしょうか。

　1783年6月8日，アイスランドのラキ火山で大噴火が起きました。大地の割れ目から溶岩が噴き出す線状噴火とよばれるもので，溶岩のほか，大量の硫黄酸化物やフッ化水素などの有毒ガスを含む火山ガスが噴出しました。

　風で流れた火山灰はヨーロッパ中に降り注ぎ，ちょうど気温の高い夏だったこともあり「砂の夏」とよばれました。また，火山ガスの二酸化硫黄は，大気中の水分と反応して

できた硫酸と混じった「ラキの靄(もや)」とよばれる毒の雲霧となって西ヨーロッパからプラハに至る広大な地域を覆いました。

ちなみにラキ火山の噴火と前後して、その近くにあるグリムスヴォトン火山、そして遠く離れた日本の浅間山の「天明の大噴火」や岩木山の噴火が起きています。

これらの噴火の影響で火山灰は成層圏にまで到達して日光を遮り、1784年の冬には北半球に大寒波をもたらすなど、数年にわたって異常気象を引き起こします。その結果、世界中で不作になり、飢饉が起こります。

ヨーロッパでは小麦の不作による飢饉で、パンの値段が高騰します。労働者の収入の半分以上がパン代に消えるという状況にまでなりました。そうすると貧しい労働者がパン屋を襲ったり暴動を起こしたりします。これがフランス革命へとつながっていったのです。

ちなみに日本でも天候不順による不作が続き、近世で最大の飢饉とされる「天明の大飢饉」が起きます。これによって田沼意次が失脚、松平定信による寛政の改革につながっていったのです。

縄文文化を消し去った噴火

火山の活動で陥没してできた大きくくぼんだ地形をカルデラ(スペイン語で「鍋」の意味)といいます。

鹿児島県薩摩半島の南、大隅海峡には「鬼界カルデラ」とよばれるカルデラがあります。ちょうど硫黄島と竹島

（硫黄島といっても太平洋戦争末期に日本軍と米軍が戦った東京都の硫黄島ではありませんし，竹島といっても領土問題になっている島根県の竹島とは違います）が北の縁として陸地になっていますが，大部分は海の中にあります。

この鬼界カルデラが7,300年前にアカホヤ噴火とよばれる完新世（約1万年前以降）の中では地球上で最大の噴火が起きたのです。

初期の噴火で噴煙柱は成層圏上面の高度43,000メートルまで立ち昇り，多量の軽石を北東地域に降らせました。それから噴煙柱が崩壊し，規模はやや小さいながらも軽石などが溶けてしまうほど高温の火砕流が発生します。

さらに地表では大規模な陥没が起き，まだ残っていたマグマが一気に地表に噴出し，幸屋火砕流とよばれる巨大な火砕流が薩摩・大隅半島，種子島，屋久島を覆い，堆積物を残します。また，海底での大規模な陥没や火砕流の海への流入は巨大な津波を引き起こしました。

一方，噴煙に含まれる大量の火山灰は，偏西風により朝鮮半島南部や東北地方にまで運ばれ，アカホヤ火山灰として降り積もりました。

ここまでで広範囲に壊滅的なダメージだということがわかりますが，この噴火が起きた7,300年前というのは縄文時代に当たります。

噴火前の縄文人の様子は，アカホヤの地層の下から発見された遺跡からわかってきています。例えば，鹿児島県霧島市にある上野原遺跡では約9,500年前に定住したムラが

つくられ，約7,500年前には祭りなどの儀式が行われた場と考えられていました。

ところが噴火によって，そんな縄文文化が消え去り，その後約1,000年もの間，九州は無人の地となっていたのです。

しかし，この鬼界カルデラの噴火は過去の話ともいっていられません。

2018年に鬼界カルデラで32km³を超える地球上で最大クラスの巨大な溶岩ドームが形成されたこと，その溶岩は7,300年前の噴火時のものではないことがわかりました。これは，7,300年の（地球にとっては）短期間で，新たに巨大なマグマ溜まりができたことを意味します。

将来的に鬼界カルデラがまた噴火しても，決しておかしくはないのです。

〈参考文献〉
・前野深「カルデラとは何か：鬼界大噴火を例に」『科学』2014，Vol. 84, No.1, p.58-63.
・Yoshiyuki Tatsumi. et al. Giant rhyolite lava dome formation after 7.3 ka supereruption at Kikai caldera, SW Japan. *Scientific Reports* 2018, 8:2753
doi:10.1038/s41598-018-21066-w

■ 1年 第2分野 **大地の成り立ちと変化**

「震度3」でも
深刻な被害?!

> **どんな場面で使える?**
>
> 震度について学習した際に使えます。地震速報などでなじみのある言葉ですが,その中身は誤解が多いのが現状です。正しい知識で,防災,減災にも役立てましょう。

10段階だけど最大は7

現在,日本の震度階級は10段階に分かれています。といっても,震度1,2,…,10というわけではありません。

これは大人でも誤解している人が多く,株式会社エコンテの調査では20歳以上の大人に聞いたにもかかわらず,「震度階級の最大はいくつだと思いますか?」という問いに対して,最大震度が8以上だと思っていた人が半数以上,「震度階級の最小はいくつだと思いますか?」という問いに正解した人に至っては4人に1人の割合となりました。

現在の震度階級は,震度0,1,2,3,4,5弱,5強,6弱,6強,7ですので,最小は0,最大は7となります。

震度0では地震が起きていない状態を指しているのではなく,人は揺れを感じないが,地震計には記録される程度

の地震を指します。「体に感じない地震」などといわれることがあります。

震度5,6ではなく震度5弱,5強,6弱,6強となっている点も気になりますね。次の表を見てみましょう。

表　気象庁震度階の変遷

明治17年 1884	明治31年 1898	明治41年 1908	昭和11年 1936	昭和24年 1949	平成8年 1996
	0微震（感覚ナシ）	〇無感覚地震	無感	0無感	0
微	1微震	一微震	Ⅰ微震	Ⅰ微震	1
弱	2弱震（震度弱キ方）	二弱震（震度弱キ方）	Ⅱ軽震	Ⅱ軽震	2
	3弱震	三弱震	Ⅲ弱震	Ⅲ弱震	3
強	4強震（震度弱キ方）	四強震（震度弱キ方）	Ⅳ中震	Ⅳ中震	4
烈	5強震	五強震	Ⅴ強震	Ⅴ強震	5弱
					5強
	6烈震	六烈震	Ⅵ烈震	Ⅵ烈震	6弱
					6強
				Ⅶ激震	7

※消防庁・気象庁「震度に関する検討会　第2回検討会（平成21年1月20日）」資料をもとに筆者が作成

震度5と6に強弱がついたのは平成8（1996）年からです。この前年，平成7年は兵庫県南部地震，すなわち阪神・淡路大震災があった年です。

この地震で現地調査をしたところ，同じ震度5，6の地

域でも被害の幅が大きいことがわかりました。そこで震度5，6の地域をそれぞれ弱と強に細分化し，より細やかな防災対応ができるようにしたのです。

かつては人が震度を決めていた

先ほどの表を見ますと，震度7は昭和24（1949）年に新設されています。これも前年に起きた福井地震がそのきっかけとなっています。最大震度は6といっても，都市直下型地震ということもあり，あまりに被害がひどかったのです。

そしてはじめて震度7が適用されたのが兵庫県南部地震です。ただ，当時は震度7の判定を出すには気象庁の実地調査で家屋の倒壊が30％以上などの被害を確認してからというやり方になっていました。しかしさすがにこれでは，災害対応が遅れるとの批判が強かったため，平成8（1996）年以降は，計測震度計により自動的に観測し速報できるようになっています。

震度3でも大揺れ

平成15（2003）年十勝沖地震では，震源から約250km離れた苫小牧市内で，他の建物は無事だったのに，大型の石油タンクだけが被害を受け火災が発生しました。

2004年の新潟県中越地震では，震源から約200km離れた震度3の東京のある高層ビルで，ロープが切れるなどのエレベーターの損傷がありました。

この他，震源から遠い場所で，震度ではそこまで大きい被害が出るとは思えないのに，高層ビルが大きく揺れ，家具類が倒れたり，エレベーターが停まったりするなどの被害が生じています。

　これは長周期地震動という，規模の大きい地震が発生するときに起こる，周期の長いゆっくりとした大きな揺れによるものです。

　この揺れ方は，従来の「震度」ではわからないため，気象庁では震度とは別の「長周期地震動階級」という目安をつくっています。

　それでも，同じ地震でも建物の高さや地盤によって揺れ方は違いますし，同じ建物でも下の方の階と上の方の階でも揺れ方が違うので，長周期地震動階級をもってしても，高層ビルの中で自分が体験した揺れの大きさや被害の状況と一致するとは限りません。

〈参考文献〉
・株式会社エコンテ　震度階級に関する意識調査
　http://econte.co.jp/works/earthquake/

■ 2年 第1分野 電流とその利用

「最小目盛りの10分の1をよむ」は根拠がない?!

> **どんな場面で使える?**
>
> 「回路と電流・電圧」で電流や電圧を測定するときに使えます。電流計や電圧計での測定について詳しくなることで,技能の向上を目指します。

直列つなぎと並列つなぎ

電流を測るときには電流計,電圧を測るときには電圧計を使いますが,電流計は回路に直列につなぎ,電圧計は回路に並列につなぎます。この違いはどうしてでしょうか。

これは電流と電圧の違いによるものです。

電流の正体は電子で,回路に電流が流れているということは,回路の中を電子が流れているということです。電流が大きいと,それだけたくさんの数の電子が流れています。

したがって,電流の大きさを測るには,回路のある1か所に割り込んで,そこを通過する電子の数を数えてやればいいわけです。

乾電池と豆電球の回路で,その導線のどこか1か所に立ちはだかって,そこに電流計を挟み込む,そうしてできる回路は,電流計と豆電球が直列になっています。

一方，電圧は「電流を流そうとするはたらき」です。「はたらき」の大きさ，つまりどれだけはたらいたかは，はたらく前とはたらいた後を比較して，その差からわかります。

　したがって回路上では，「はたらき」がある前と，「はたらき」があった後の２か所を監視しなければなりません。１つの電圧計で回路の２か所を監視すると，結果的に図のように並列回路になるのです。

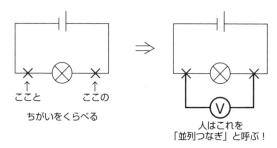

　電流は電子という「もの」，電圧は電流を流そうとする「はたらき」です。この「もの」と「はたらき」の違いが直列つなぎと並列つなぎの違いになったのです。

機械の誤差は意外に大きい

　中学校の実験用の電流計や電圧計にはClass2.5（クラス2.5）と書かれているものが多くあります。これは，誤差は最大目盛りの2.5％の大きさ以下であることを示しています。

　2.5％の誤差というと，時計でいえば，１日に36分ズレるということです。電流計や電圧計はともかく，時計では

使い物になりませんね。

さらに、「最大目盛りの」2.5%なので、例えば、電流計の－端子を500mAにして電流を測った場合、測定値が450mAでも60mAでも誤差は500mAの2.5%の約13mAとなります。したがって、小さい電流や電圧ほど測定値に対する誤差の割合は大きくなります。

だから、回路のいろいろなところでの電流や電圧を測って比べる場合、1目盛りくらい違っても「電流（電圧）の大きさは等しい」とまとめるのは、機械の精度から考えてやむを得ないことなのです。

もちろん、誤差の少ない電流計や電圧計を使えばよいのですが、取り扱いも大変ですし、何といっても値段が高くなってしまいますから…。

最小目盛りの10分の1は根拠がない？

電流計や電圧計に限らず、メスシリンダーや温度計など、目盛りのついている器具で測定値を読み取るときは、「最小目盛りの10分の1までを目分量で読みとる」、ということは、教科書などに掲載されています。これは大学向けの化学実験や工学系の測定工具の使い方でも同様な指示があります。

ところが「最小目盛りの10分の1までを目分量で読みとる」ということは、どこかで公式に決められたというわけではなく、多くの関係者が実際にそれで動いていることによって事実上のルールとみなされるようになり、教科書に

まで掲載されるようになったもののようです。

では10分の1まで読みとることはまったく無意味なのでしょうか。

実は，日本工業規格というところで，目盛のつけ方について次のようなルールがあります。

日本工業規格 JIS Z8306-1964　工業計器の目盛通則
3．目幅　目幅は1.0mmより小さくてはならない。

そして，ヒトの目はもちろん個人差があるものの0.1mm〜0.2mm離れていれば，隣り合った2つの点を，別々の点として見分けることができます。

とすると，目盛りと目盛りの間隔が1mmは確保されていて，ヒトの目が0.1mmのズレを何とか読みとることができるとすれば，「最小目盛りの10分の1までを目分量で読みとる」ということは，それなりに理に適っていることと考えられます。

もっとも，目盛り1つ分以上も計器による誤差があるのに，最小目盛りの10分の1まで測る意味があるのか，という疑問は生じますが…。

〈参考文献〉
・前川哲也「中学校理科教師のためのチェックリスト・電流計・電圧計・検流計」『理科の教育』Vol.63 No.744，東洋館出版社，2014.7
・日本工業規格 JIS Z8306-1964 工業計器の目盛通則

■ 2年 第1分野　電流とその利用

灯油用ポリタンクにガソリンを入れると発火する?!

> **どんな場面で使える？**
>
> 「静電気と電流」で使えます。単にくっついたり離れたりするだけでない，静電気が起こる様々な現象やその利用を知ることで，静電気への興味を深めていきましょう。

静電気で大爆発！

　ガソリンスタンドで，最近はガソリンを店員に入れてもらうのではなく，客自身が入れるセルフ式のところが増えています。そこで，給油をするために給油口のキャップを緩めた瞬間，突然，給油口から火が！

　原因は，静電気です。給油する人の体に帯電していた静電気が給油口付近の車体に放電し，気化したガソリンに引火したのです。

　服を脱いだときに，パチパチする程度の静電気でも燃えやすいものに引火することがあるのです。特にガソリンは気温が−40℃でも気化し，静電気などでも発火しやすいです。

　そのため，ガソリンを入れるには，携行缶とよばれる専用の容器を使います。灯油用のポリタンクは電気を通しま

せんから，もしガソリンを入れると，それだけでガソリンがこすれて静電気が帯電するのに，たまった静電気を逃がすことができず，その結果放電して火災を引き起こす危険性があります。そのため灯油用のポリタンクにガソリンを入れることは，法律で禁止されています。

灯油用ポリタンクと携行缶

店員さんは危なくないの？

セルフ式のガソリンスタンドでは，静電気による事故を防ぐために，静電気除去シートというものにふれてから給油することになっています。静電気除去シートはアース線で大地に接続されていて，これにさわると人体にたまった静電気はアース線を通って大地へ流れていくので，放電してパチッとなることがありません。

ところが，ガソリンスタンドの店員は，作業をする際に静電気除去シートなどにふれたりはしていません，大丈夫なのでしょうか。

実は，ガソリンスタンドの店員が着ている制服は，「静電気帯電防止作業服」とよばれる一定の基準をクリアした静電気が帯電しにくい服なのです。さらに，店員は常に地

面に足をつけていることや，金属の車体にふれることも多く，作業内容からも静電気が帯電しにくいのです。

これに対し，客は，静電気が起きやすい服を着て，乗っていた車から降りて，金属の車体にふれないまま，給油口付近でバチッと静電気が発生する…という危険性があるので，静電気除去シートで体の静電気を取り除く必要があるのです。

大事なデータが…

デジタルカメラなどのデータを記録しているSDカードは，ただ手渡ししただけで記録されているはずのデータが消えてしまうということもあります。これも，静電気のしわざです。

静電気を帯電している手が，もう一人の手に近づいたとたんバチッ。その静電気が持っていたSDカードのデータを破壊してしまいます。SDカードは電気的にデータを読み書きするため，静電気にとても弱いのです。特に空気が乾燥している冬場は静電気が発生しやすいので，気をつけましょう。

ところで，SDカードはドライブレコーダーやカーナビなど車の中でも使われます。しかし，車の中は，静電気だけでなく振動もありますし，夏は高温，冬は低温になることもあり，過酷な環境といえます。だからといって，事故の状況を分析するためにドライブレコーダーで記録したデータを見ようとしたら，SDカードが壊れていた…では話

になりません。

そのため、耐静電気、防水、耐温度、耐衝撃、耐磁石などの性能を備えた産業用SDカードというものもあります。産業用SDカードは、普通のSDカードより信頼性は高いのですが、その分値段も高いです。

静電気防止スプレーで火花?!

静電気といえば冬場に服を脱ぐときにパチパチする現象や、スカートのまとわりつきも、地味に不快なものです。それを防ぐのが静電気防止スプレーです。

ところが、注意事項を読むと「着ている衣類に使用する時は、必ず自分でスプレーしてください。他の人がスプレーすると、まれに静電火花が発生して衣類を焦がすことがあります」と書かれているものがあります。

ちょっと怖そうな話ですが、どういうことでしょうか。

金属製のスプレー缶を持っている人が帯電していて、服を着ている人が帯電していない場合、2人が近づくと、放電が起こり、火花が発生する可能性があるのです。その火花がスプレーの可燃性の成分に引火し、衣類を焦がすのです。

実際にはそう頻繁に起こるわけではなく、不運に不運が重なったごく稀なケースといえますが、万一起こったら危険です。でも自分でスプレーをするだけで簡単に防げますから、きちんと注意事項を守って使いましょう。

■ 2年 第1分野 **電流とその利用**

東海道新幹線は東日本の電力では走れない?!

> **どんな場面で使える？**
>
> 電流には直流と交流があること，周波数の定義，日本では東日本の50Hzと西日本の60Hzであることを学習したところで使うことができます。

日本は珍しい周波数の二本立て

　日本国内の家庭のコンセントから流れる交流電流の周波数は，50Hzの地域と60Hzの地域があります。

　世界を見てみると，ヨーロッパ，中東，オセアニアは50Hz，南北アメリカでは60Hzの国がほとんどです。アジアでは50Hzの国と60Hzの国が混在していますが，日本のように，一つの国で50Hzと60Hzの両方がある国は珍しいです。

　これは明治時代，関東で東京電燈（現東京電力）がドイツ・AEG社の発電機を導入したのに対し，関西では大阪電燈（現関西電力）がアメリカ・General Electric社製の発電機を採用したことによります。ドイツは50Hz，アメリカは60Hzの国ですから，発電機もやはり50Hzと60Hzで，異なっていました。

その後，それぞれの発電機にあわせて，東日本では50Hz，西日本では60Hzと広まっていったのです。

東日本で60Hz，西日本で50Hzの地域も

とはいえ，大きな工場の場合，その工場の会社が発電所もつくって，工場やその周辺地域に電力を供給していることがあります。その場合，電力会社に頼らずそのエリアで独立しているのですから，東日本なのに60Hzになることや，西日本なのに50Hzになることもあります。

例えば，北海道の支笏湖温泉一帯，苫小牧市内の一部は，東日本にもかかわらず60Hzです。これは，王子製紙の工場用に建設された60Hzの発電機を持つ千歳発電所が，余った電力を周辺にも供給しているためです。

また，新潟県の佐渡島も全島で60Hz地域です。佐渡島といえば江戸時代から金山で栄えていましたが，明治時代に採掘のため導入した発電設備が60Hzのものだったことによります。

一方，宮崎県にある旭化成延岡支社や熊本県のチッソ水俣工場とその社宅は，西日本ですが50Hzの発電機による電力を使っています。

電力融通

電力会社の管内で電力不足になる一方で，別の電力会社では電力が余っていたとします。それなら，余っている電力を不足している地域で使ってもらえばよいですね。この

ような電力会社間の電力のやりとりを電力融通といいます。

ところが，東日本と西日本の間で電力融通する場合，一つ大きな問題があります。そう，周波数の違いです。

いくら東日本で電力が足りないからといって，西日本からの60Hzの電力は，そのままでは使えないのです。

そこで周波数を変換してそろえる必要があるのですが，東・西日本間の電力融通のために周波数を変換することのできる施設は，日本では現在3か所しかなく，また融通できる電力の量も限りがあります。同じ日本国内でも東と西では，たくさんの電力を自由に受け渡しできないのです。

それならいっそのこと，東西で周波数を統一したらどうかと考えるかもしれません。しかし実際にそれをやろうとすると，周波数を替えようとする地域は大変です。電力会社は発電機などの設備を総入れ替えし，電気を使う側も，周波数が変わると使えなくなってしまいます。政府の試算によると，発電機や変圧器など電力会社の設備交換だけで約10兆円が必要といわれています。お金の面だけ見ても，東西の周波数統一は現実的ではなさそうですね。

新幹線はどうしている？

東海道新幹線と北陸新幹線は東日本の50Hz地域と西日本の60Hz地域の両方にまたがって走っています。

では，東海道新幹線や北陸新幹線の車内にあるコンセントの電流は50Hzでしょうか，60Hzでしょうか。

実は東海道新幹線も北陸新幹線も全線で60Hzです。

東海道新幹線の車内コンセント。東日本でも周波数は60Hzである
(提供：JR東海)

東海道新幹線は車内のコンセントどころか，車両自体が西日本で使われる60Hzの電気専用となっていて，50Hzの電気では本来走ることができません。

では，東京など50Hz地域ではどのようにしているのでしょうか。50Hz地域では沿線に「周波数変換変電所」を設置しています。そこで電力会社から送られてきた50Hzの交流電源を60Hzに変換して新幹線へ送電しているのです。

一方，北陸新幹線には東海道新幹線と違い，周波数変換変電所はありません。北陸新幹線の車両は50Hzでも60Hzでも対応しているからです。ちなみに北陸新幹線では，東京駅から軽井沢駅までは東京電力（50Hz），そこから上越妙高駅までは中部電力（50Hz），糸魚川駅までは東北電力（50Hz），金沢駅までは北陸電力（60Hz）と4つの電力会社にまたがっており，東京から金沢へ行く途中で3回も電力会社が切り替わります。

■ 2年 第1分野 化学変化と原子・分子

「ソーダ」の由来は炭酸ナトリウムにありソーダ?!

> **どんな場面で使える?**
>
> 炭酸水素ナトリウムを熱で分解する実験を行い,試験管に残った固体が炭酸ナトリウムであることを学習したときに使えます。

別名の多い物質「炭酸水素ナトリウム」

炭酸水素ナトリウムは,別名の多い物質です。

炭酸水素ナトリウムの水溶液は一応アルカリ性なのですが,炭酸ナトリウムの水溶液に比べると,アルカリ性としては非常に弱い,つまり酸性に近いことから「酸性炭酸ナトリウム」ともよばれています。

また,「重炭酸ナトリウム」というよび方もあります。そして,ナトリウムの化合物は英語では「ソーダ (soda)」というので「重炭酸ソーダ」ともよぶことができ,さらにソーダは「曹達」と漢字を当てているので「重炭酸曹達」とも表記できます。それを略すと「重曹」になります。

この他,医療用医薬品として炭酸水素ナトリウムの注射液は,「メイロン」「プレビネート」「タンソニン」「ジュータミン」。

このように一つの物質なのに多くの名称がついています。

「重い」炭酸ナトリウム？

さて、「重炭酸ナトリウム」は「重」とついているくらいですから炭酸ナトリウムより重いのでしょうか。炭酸ナトリウムの密度は2.5 g/cm^{3}に対し、「重」炭酸ナトリウムの密度は2.2 g/cm^3。「重」がついている方がむしろ軽いのです。では、どうして「重」なのでしょうか。

これについては諸説あります。

一つは、一定量のナトリウムから発生する二酸化炭素の量（もしくは一定量の酸を完全に中和するのに必要な量）が炭酸ナトリウムの2倍であることから「重」炭酸ナトリウムとした、という説。

もう一つは英語のsodium bicarbonateの"bi"の部分を「重」と訳した説。"bi"はbicycleやbilingualのように「2つ」という意味の接頭辞なので、「重い」というよりは「重ねた（二重）」という感じでしょうか。

はたまた、炭酸がCO$_3$を表すのに対し、重炭酸はHCO$_3$を表すのでHの分だけ重いからではないかという考えもあります。

曹達からつくるソーダ水

ところで、ソーダといえば連想するものとして、炭酸飲料のソーダがあります。炭酸…ソーダ…ときたら、（重）炭酸ソーダと何か関係がありソーダ、いえ、ありそうだと

思いませんか。

「ソーダ灰」「洗濯ソーダ」として市販されている物も含め，工業的には，ただ「ソーダ」と言えば炭酸ソーダ（炭酸ナトリウム）を指します。

ちなみに，同じナトリウムの化合物でも普通のソーダ（炭酸ソーダ）よりアルカリ性が強い水酸化ナトリウムは，「苛性ソーダ」と言われていました。「苛」は「きつい」という意味の文字です。

話を戻して，重炭酸ソーダを酸性の水溶液と反応させると二酸化炭素が発生します。それを圧力をかけて水に溶かしてつくってできたのが炭酸水です。そこから炭酸水は「ソーダ」とよばれるようになったのです。

セスキ炭酸ソーダは，重曹（重炭酸ソーダ）と炭酸ソーダの中間の性質をもつ

セスキ炭酸ソーダって？

炭酸ソーダと重炭酸ソーダは，掃除などによく使われます。炭酸ソーダは，油汚れに強く，洗濯に向いています。一方，重炭酸ソーダは，鍋やフライパンについた"焦げ"

を落とすのが得意です。そしてもう一つ、トロナ鉱石という鉱石に含まれるセスキ炭酸ソーダ(sodium sesquicarbonate)という物質もあります。セスキ炭酸ソーダの「セスキ」とは1.5という意味で、1（炭酸ソーダ sodium carbonate）と2（重炭酸ソーダ sodium bicarbonate）の間という感じがしますが、それもそのはずセスキ炭酸ソーダは、炭酸ソーダと重炭酸ソーダが同じ量だけ結びついた物質なのです。

そのため、水への溶けやすさも、水溶液になったときのアルカリ性の強さも、炭酸ソーダと重炭酸ソーダの中間になっています。

表　炭酸ソーダ、セスキ炭酸ソーダ、重炭酸ソーダの比較

	炭酸ソーダ	セスキ炭酸ソーダ	重炭酸ソーダ
化学式	Na_2CO_3	$Na_{1.5}H_{0.5}CO_3$	$NaHCO_3$
英語名	sodium carbonate	sodium sesquicarbonate	sodium bicarbonate
溶解度*	溶けやすい 17.4 g	溶ける 11.5 g	やや溶けにくい 9.6 g
水溶液 pH	アルカリ性 pH11.2	弱いアルカリ性 pH9.8	ごく弱いアルカリ性 pH8.2

*20℃、100mL の水に溶ける質量

■ 2年 第1分野　化学変化と原子・分子

結局，化学変化は人間関係ならぬ，原子関係？!

> **どんな場面で使える？**
>
> 「化学変化」の学習で，化学反応式や酸化銅の還元の実験のしくみ，質量保存の法則などを理解するのに原子・分子のモデルだけではイメージがつかめないときに使えます。

「昼メロ・酸化銅の還元」

銅は，今つきあっている女と別れたがっていた。彼女の名前は酸素。人当たりがよく，人気者である。

しかし，過去に酸素とくっついた金属なかまはどうなったか。お堅い鉄はボロボロになり，渋い銀色がきまっていたマグネシウムのやつも，真っ白な灰のようになってしまった。紅顔の美少年といわれていた銅も，今は見る影もなく真っ黒になっている。

とはいえ，いざ別れようとすると問題があった。酸素の気持ちである。以前，酸素がそれまでくっついていた銀と別れたときは，熱くしてやればよかったが，銅と酸素は逆に熱くしてくっついた過去がある。熱くしたところで別れることはできない。

そこで銅は考えた。

「酸素が俺と別れないのは、独りぼっちになるのがさびしいからだ。もっとも、銀は相当魅力がなかったようで、まだ独りぼっちの方がましだったようだが。でも、俺は違う。酸素は独りよりも俺といる方を選ぶ。それならば…」

数日後、やはり酸素は銅とくっついていた。

「なぁに、私に会わせたい人がいるって？」

酸素はあからさまに不信の眼で銅を見た。

「ごめん、遅くなったね！」

そこに色黒のイケメンが登場。

「よう、炭素！　ひさしぶり！　…この人が君と会わせたい…」と銅がいいかけたときはすでに、酸素は銅から離れ、炭素にくっつき、どこかへ行ってしまった。

独りぼっちが嫌だから、俺と別れたくない。それならば、俺よりカッコいいやつを彼女の前に登場させればいい。

その思惑は正しかった。そして、どす黒かった顔に赤みを取り戻した銅は、一人、ほっとするのであった。

$$2CuO + C \rightarrow 2Cu + CO_2$$

この化学反応式にはこんなストーリーがかくされているのであった。　完

"Chemistry"の別の意味

「化学」は英語で"chemistry"といいますが、この単語にはまったく別の意味もあります。それは「関係」「相性」という意味です。例えば、We have good chemistry. というと「私たちは相性がいい」という意味になります。

化学は，原子と原子の相性，人間関係ならぬ「原子関係」の学問ともいえます。

なかなか別れてくれない花子さんに業を煮やした太郎さんが，花子は自分よりも次郎との相性がよいことに目をつけ，何も知らない次郎に花子の相手を押しつけることで，別れることに成功したというストーリーで，太郎さんを銅原子，花子さんを酸素原子，次郎さんを炭素原子に置き換えると…それが先ほどの「昼メロ・酸化銅の還元」です。

また，化学変化が起こるかどうかも原子同士の相性の良し悪しだけでなく，その場の雰囲気（温度や圧力など）も大切なのも人間関係と同じですね。

そして，つきあっているという人間関係は変わりましたが，太郎さんはずっと太郎さんだし，次郎さんも最後まで次郎さんです。決して太郎さんが次郎さんになったわけではありません。そこから，どんなに複雑な化学変化も，原子（人）そのものが変わるのではなく，結局は原子（人）同士がくっついた・離れた，という話にすぎない，という化学変化についての本質的な話につながります。

さらに，くっつこうが別れようが，関係者全員の合計質量は変わらない，ということは化学変化の前後で物質全体の質量は変化しないという「質量保存の法則」もイメージできますね。

このように，原子を擬人化して，化学変化を人と人の関係の変化のドラマと考えると，ちょっとは興味がわいてきませんか？

化学結合もこれでばっちり！

　原子を人にたとえると、化学変化だけでなく、物質内の原子の結合、つながりの強さもイメージできます。

　「分子」は原子の家族といえます。二酸化炭素を例にとると、1個のCO_2分子が、炭素原子1人と酸素原子2人で構成される3人家族です。

　これに対し、分子をつくらない塩化ナトリウム（NaCl）のような物質は、一つのナトリウム原子に注目すると、上下左右前後にある6個の塩素原子と

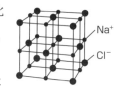

友達の関係です。その6個のうちの1つの塩素原子に注目しても、最初のナトリウム原子を含む6個のナトリウム原子と友達です。ナトリウム原子と塩素原子が交互に並ぶ塩化ナトリウムの結晶は友達の関係で成り立っている「友情の結晶」といえます。

　一方、鉄や銅のような金属の単体は、基本的に一匹狼です。たくさん原子が並んでいても、たまたま同じ場所に一匹狼が集まっているだけで、お隣さんはただの他人です。

　一般に人間関係の強さの順番、家族＞友達＞他人といえますが、原子のつながりの強さの順番も、分子をつくる原子のつながり（共有結合）＞ナトリウム原子と塩素原子のつながり（イオン結合）＞金属原子同士のつながり（金属結合）、と同じです。

　まさに化学（chemistry）は原子の関係（chemistry）の学問といえますね。

2年 第1分野 化学変化と原子・分子

カイロは水が入っているのに濡れないのはなぜ?!

> **どんな場面で使える?**
>
> 発熱反応の例で使い捨てカイロをとりあげた際に使えます。化学変化が身近なところにあることを知るだけでなく、市販品のさらなる工夫にも注目したいところです。

カイロの鉄が酸化してできるのは

寒い季節の強い味方、使い捨てカイロ。内袋の中にある粉末の主成分は鉄粉や活性炭です。そして、その粉末は未使用の場合は黒いですが、使用済みのものを見ると茶色くなっています。そう、鉄が酸化したのです。酸化は発熱反応ですから、その熱をカイロとして利用しているのです。

では、カイロが発熱するときの鉄の酸化の化学反応式はどうなるのでしょうか。

銅の酸化は $2Cu + O_2 \rightarrow 2CuO$、マグネシウムの酸化(燃焼)は $2Mg + O_2 \rightarrow 2MgO$ ですね。では、鉄の酸化は $2Fe + O_2 \rightarrow 2FeO$ でよいのでしょうか。

教科書には、酸化銅は CuO、酸化マグネシウムは MgO と書いています。本当は酸化銅は酸化銅(Ⅱ)とよばれる CuO のほか、酸化銅(Ⅰ)Cu_2O という赤〜赤褐色の粉末

も存在しますが、単体の銅を加熱してできるのは黒色の酸化銅（Ⅱ）だけと考えられます。これは銅を加熱すると、まっ黒になることからもわかります。

ところが教科書ではスチールウール、すなわち鉄を燃やしていながら、酸化鉄の化学式にはふれていません。これは酸化鉄が酸化鉄（Ⅱ）FeO や赤さびでおなじみの酸化鉄（Ⅲ）Fe_2O_3、さらに黒さびでおなじみの酸化鉄（Ⅱ，Ⅲ）Fe_3O_4 とあってややこしいためです。

では、カイロが発熱するとき、これらの酸化鉄のいずれかができるのか、というとそうでもないのです。鉄粉が酸素の他に、水とも一緒に反応し、水酸化鉄（Ⅲ）ができるのです。

$4Fe + 3O_2 + 6H_2O \rightarrow 4Fe(OH)_3$

水はどこから？

教科書では、化学変化によって熱を取り出す実験として、この化学変化を取りあげています。その実験では、鉄粉と活性炭を混ぜた段階では熱は発生しませんが、食塩水を加えると発熱が始まります。

しかし、ここで疑問が一つわいてきます。市販のカイロはさわっても濡れているような感じはしません。食塩は袋の中の粉末に含まれていたとしても、水分はどこにあったのでしょうか。

そこで、市販のカイロの内袋をはさみで切って中の粉末をビーカーに移してみます。すると、特に何もしなくても

発熱が始まります。80℃近くまで温度が上がり、同時にビーカーの中からは湯気が出ていました。粉末の質量は発熱前は41gでしたが、発熱が終わった後には36gと5gも減っていました。

実験後のビーカー。湯気が出てビーカーの壁に水滴がついている

減った5gは湯気や水蒸気と考えられます。ということは、やはりカイロの粉末の中に水分はあったと考えられます。それだけ水があれば少しはこぼれてきそうですが、粉末もサラサラしていて、さわっても濡れた感じはしません。

これは、市販のカイロの粉末には、「保水材」が入っているためです。保水材としては観葉植物の保水土として使われるバーミキュライトがよく使われます。バーミキュライトの表面には小さな穴があいていて、そこに水分を取り込むので湿った感じがしないのです。

ちなみに活性炭も表面には小さな穴があいているのですが、こちらはそこに空気を取り込んで反応させる酸素を確

保しています。

熱くなりすぎないように

さて、先ほど紹介した実験で、市販のカイロの中にある粉末が最高で80℃近くまでいったことを述べましたが、カイロが80℃近くまで発熱したら、やけどをしてしまい、とても使えません。

そして、温度が高くなりすぎることで、別の問題もあります。一定の量の鉄粉などが酸化するときに発生する熱量は、限りがあります。したがって、温度が高くなればなるほど、熱の発生が早く終わってしまうのです。

しかし、実際にカイロを使っているときは80℃近くまではいきませんし、あたたかさが何時間も持続します。どうしてでしょう。

カイロとビーカーの中の粉末。この違いは袋に入っているかいないかです。そう、袋に秘密があるのです。

カイロで粉末を入れている内袋は不織布でできていますが、空気中の酸素を通すための小さな穴がいくつもあいています。この穴の大きさや数によって、熱くなりすぎないように、長時間発熱が続くように内袋に入ってくる酸素をうまく調節しているのです。

■ 2年 第2分野　**生物の体のつくりと働き**

アスパラガスの葉は光合成をしていない?!

> **どんな場面で使える?**
>
> 「根・茎・葉のつくりと働き」を学習した際に使えます。授業で学習した内容を,多様性と共通性の視点をもって野菜や果物などの身近な植物に適用させてみましょう。

茎と根

種子植物やシダ植物のからだを大雑把に分けると,根・茎・葉に分かれます。花は葉が変化したものなので少々乱暴に思えるかもしれませんが,葉の仲間に入れます。

根・茎・葉のうち,根と茎はそれぞれ地下と地上で植物の体を支えているという感じがしますが,ジャガイモやイヌワラビなどは,「地下茎」と文字通り地下だけど茎として扱われている部分がありますし,タコノキやトウモロコシなど空気中に出ている根もあり,「気根」とよばれています。茎と根では何が違うのでしょうか。

茎と根の大きな違いとして,茎には,葉をつけることができるという点があります。イヌワラビなどがよい例ですが,地下茎からも葉が出てきます。一方,根には葉をつけることができませんが,根毛をつけています。

そして、茎と葉は茎の先端にある共通の分裂組織でつくられていますが、根だけは別で、根の先端にある組織で作られ、そこではもちろん葉はつくられません。

タコノキ
タコの足のように見えるのが気根で、植物を支える役割がある
※夢の島熱帯植物館にて筆者撮影

根菜は「根の野菜」か

ゴボウやカブ、ダイコンなどは野菜の中でも「根菜」といわれています。でも、本当に根の野菜なのでしょうか。

まずゴボウから見ていきましょう。ゴボウをよく見ると表面に細いひげのような部分があります。これが側根です。ということは、側根のもととなっている太い部分こそが主根です。ゴボウは根の部分を食べているのです。

余談ですが、終戦間際に捕虜収容所の日本人の職員が、収容している外国人の捕虜に食糧難の時代だけど良いものを食べさせようと、当時としてはかなりの貴重品であるゴ

ボウを食べさせたことがありました。そうしたらゴボウは日本以外ではほとんど食べられておらず、捕虜たちもゴボウを知らなかったため、木の根を食わして虐待したと誤解され、いいものを食べさせてやろうと思った収容所の職員が刑罰を受けてしまう…という話があります。確かにゴボウは木の根っこのような形をしていますね。

　一方、ジャガイモのイモの部分は、表面を見てもヒゲのような部分がありません。これはジャガイモのイモは根ではなく茎だからです。

　次に、カブはどうでしょうか。膨らんでいる部分はジャガイモと同じく、ひげのような部分はないようです。この部分は子葉と根の間にできる茎の一部となる部分で「胚軸」といいます。カブの胚軸は細胞壁が薄いため、柔らかく、煮過ぎると形崩れしてしまいます。だからダイコンとは違い、おでんの具には向かないのです。

　それではダイコンの場合はというと、下側3分の2くらいは側根が縦に2列並んで生えていますが、上側の約3分の1の部分にはついていません。つまり、上の部分が胚軸、すなわち茎で下の部分が根ということになります。

　味も、茎の部分は甘みが強く根の部分は辛みが強いため、ダイコンの部位を使い分けて料理をしている人もいます。

茎と葉

　茎と葉の区別は、茎と根の区別以上に厄介です。もちろん、明らかに茎、明らかに葉とよべる部分はあるのですが、

どこまでが茎でどこからが葉かというのは植物学的にも諸説あり、難しいようです。そのため、葉と茎を一体的に「シュート」という名称で扱うこともあります。

ネギは、根の部分がどこかはすぐわかりますが、茎と葉はどこでしょうか。特に白ネギの場合、上部の緑色の部分が葉で、白い部分が茎と思っている人も多いようですが、色の違いは日光に当たっているかいないかの違いで、白い部分もほとんどが葉です。茎は根の側のごく短い部分だけなのです。

また、アスパラガスは若い茎を食べています。その部分をよく観察すると、ところどころに「はかま」とよばれる三角形の葉のような部分があります。これが、鱗片葉、つまり「葉」に当たります。その葉と茎の間から、枝分かれして細い茎が生えてくるのです。ここから生える茎は、見た目が針葉樹の葉に似ているため「擬葉」とよばれていますが、葉状茎、つまり葉ではなく茎の一種です。

ちなみに、アスパラガスの場合、光合成を行うのは葉ではなく、擬葉をはじめとする茎の役割です。

アスパラガス。ところどころ見える三角形の部分が「葉」である

■ 2年 第2分野　**生物の体のつくりと働き**

おなかに開いた穴から
胃を調べた医者がいる?!

> **どんな場面で使える？**
>
> 　胃について学習した際に使えます。胃にまつわる話題から，生物の体の巧妙さに感心するだけでなく，ハードに働いている自分の体をいたわる気持ちも育みましょう。

胃液が塩酸だとわかるまで

　かつて消化は，咀嚼や熱によるものだと考えられていました。17世紀のベルギーの医化学者ヴァン・ヘルモントは，胃の消化に酸が関係していることを発見したものの，酢やレモン汁では食物を消化しないため酸によって消化されるのではないと推論しました。

　ヴァン・ヘルモントを継承する人たちも胃での消化は発酵によるものと考えており，18世紀初頭も，消化は機械的なプロセスと考えられていました。もし胃の中で酸が肉を溶かしているなら，胃もその酸で溶けてしまうはずだ，だからそれはありえない，と思われていたのです。

　18世紀の半ば，フランスの物理学者レオミュールは，トビは消化しなかったものを吐き出す習性があることを利用し，トビに金網に入れた肉を食べさせて，吐き出した金網

の中の肉が溶けていたことを確認しました。さらに海綿を食べさせて、吐き出した海綿から胃液を集め、その胃液に肉片を浸すことで肉片が溶けることも観察しました。この結果からレオミュールは、胃液には肉を分解する物質が含まれると考えました。これは、酵素の発見にもつながっていきます。

さらに19世紀に入り、ヤングはウシガエルを使った実験で、消化が胃で分泌された酸によってもたらされることを示しました。ただ残念なことに、ヤングは胃酸が塩酸ではなくリン酸という別の酸だとしたのです。

そしてついに1823年、プロムは胃酸の中に塩酸が含まれていることを証明します。彼は最初に胃の酸がリン酸であると考えていましたが、後に塩酸であると同定し、それが多くの動物に存在することに気づいたのです。

胃の酸が塩酸だと信じられるまでは、長い道のりがあったのです。

生きている身体からとった胃液

1822年、アメリカ・ミシガン州にある毛皮会社で、ある事故が起こりました。散弾銃が誤って発射され、マーチンという19歳の猟師の胸部に当たったのです。かなりの重傷でしたが、奇跡的にマーチンは回復し、事故から一年後には痛みを感じることもなく、働くこともでき、何でも食べることができました。

ただし、一つ大きな問題がありました。傷ついた胃と胸

壁の筋肉が癒着してしまい，胃は穴が開いたままになってしまったのです。

これに目をつけたのが，事故の直後からずっとマーチンの治療をしてきた，医師バーモント。バーモントは，マーチンの胃で消化の実験や胃の中の観察を行ったのです。

胃液の研究も行われました。体温程度に温めた胃液が肉を消化することを試験管の中で再現したり，空腹時に胃液が見つからなかったので，パンくずを穴から胃に入れたら胃液が出始めたことを確かめたりしました。また，マーチンの胃から胃液をとって化学分析を依頼したところ，塩酸が含まれていることがわかりました。

胃自身はどうして消化されない？

さて，プロムやバーモントによって，胃液は塩酸だということがわかりました。実際，胃ではタンパク質が胃の細胞から出される塩酸（胃液）とペプシン（消化酵素）によって消化され，アミノ酸に分解されます。

しかし，先ほどあった「もし胃の中で酸が肉を溶かしているなら，胃もその酸で溶けてしまうはずだ」という問題点はまだ残っています。どうして胃の細胞は強い酸である塩酸に耐えられる，消化されないのでしょうか。

胃の細胞が消化されたら，塩酸やペプシンをつくることはできません。すると胃の細胞は消化されずに残ります。その細胞は塩酸やペプシンをつくります。その塩酸やペプシンによって胃の細胞が消化され…と堂々巡りになってし

まいそうですが、もちろん、これはたんぱく質でできている胃の細胞が消化されない理由にはなりません。

　胃が塩酸やペプシンで消化されないのは、胃の細胞自身が粘液などを分泌することで、塩酸やペプシンの攻撃から守っているためです。胃壁からは、塩酸やペプシンを出して消化しながらも、その一方で粘液を出して胃自身を守っているのです。

　ところが、アルコールやストレスなどによって胃酸と胃粘液のバランスをくずされ、胃粘膜が傷つきやすい状態になることがあります。そうして、胃の壁が深く傷ついたのが「胃潰瘍」という病気なのです。

〈参考文献〉
・Louis J. Rosenfeld "William Prout: Early 19th Century Physician-Chemist" *Clinical Chemistry* 49:4 pp.699–705 (2003)
・William Beaumont *"Experiments and Observations on the Gastric Juice and the Physiology of digestion."* Maclachlan & Stewart, 1838
・宮田道夫『胃の話』悠飛社, 1997

■ 2年 第2分野　**生物の体のつくりと働き**

インドゾウの体の表面積を求める公式がある?!

> **どんな場面で使える？**
>
> 　根毛，肺胞，柔毛の学習など表面積の視点で生物の体のつくりを見るときに使えます。生物にとっては，身長，体重だけでなく表面積も大きな意味をもつのですね。

効率をあげるために

　根の根毛，肺の肺胞，小腸の柔毛，この3つの共通点は何でしょうか。

　そう，表面積を大きくしてそれぞれの器官の働きを効率よくしている点です。

　根毛は根の先端近くにある細い毛のようなものです。このようにして表面積を増やす，つまり土とふれる面積を増やすことで，水や水に溶けた養分を効率よく吸収し，また土から抜けにくくなることでよりしっかり体を支えることができます。

　呼吸で入った空気は気管，気管支と入り，最後には肺胞に到着します。ヒトの肺胞は直径0.2mmほどの小さな袋で，成人で3〜6億個もあるといわれています。総表面積は50〜60m^{2}ですが，息を吸うと肺が膨らむことで，肺胞の表

面積が約100m²にもなります。また、肺胞の毛細血管の面積は300m²となります。肺胞の表面積が増えると空気がふれる面積も増えるので、酸素や二酸化炭素の交換が効率的にできるのです。

小腸の内側のかべには多数のひだがあります。その ひだの表面に1mm前後の長さの柔毛

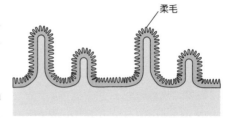
柔毛

があります。さらにその表面にはさらに小さい微柔毛がついています。小腸を大体直径2cm、長さ6mの円柱とすると、その表面積は0.02×3.14×6＝0.38m²程度にしかなりませんが、実際はひだや柔毛、微絨毛のおかげで、小腸の表面積はおよそ200m²、テニスコート1面分にもなる広さになります。これにより効率的に栄養を吸収できるようになるのです。

あなたの表面積は？

自分の体重を知っていても（それを他の人に言うかは別として）、自分の体の表面積（「体表面積」といいます）を知っている人はまずいないと思います。見当もつかないのではないでしょうか。

ところが、体重W（kg）と身長H（cm）がわかれば、体表面積S（m²）は大体このぐらいだろうと求められる計算式があるのです。

$$S = 0.007184 \times W^{0.425} \times H^{0.725}$$

この式はデュ・ボアの式とよばれる主に欧米人の成人向けにつくられた式で、この式を日本人向けに微修正した高比良の式など、いくつかのバリエーションがあります。

$$S = 0.007246 \times W^{0.425} \times H^{0.725} \quad \text{高比良の式}$$

いずれにしろ0.425乗とか0.725乗の計算は、中学生には意味不明でしょうが、パソコンの表計算ソフトなどを使えば簡単に求められます。

でも、体の表面積を知って何の役に立つのでしょうか。実は、体の表面積をもとに投与量が決まる薬があるのです。また、基礎代謝量とよばれる、呼吸や心臓を動かすなど、生きるために最低限必要なエネルギーの量や、酸素の消費量は、体の表面積に比例する（体重や動物の種は無関係！）といわれています。これを「ループナーの体表面積の法則」といいます。

インドゾウの表面積も求められる！

表面積を求める式があるのは、何もヒトだけではありません。

インドの獣医学者シュリクマー博士とニーマラン博士は24頭のオス・メス、年齢、大きさなどまちまちのインドゾウの体を測定した結果をもとに、肩までの高さHと、前足の円周FFCからインドゾウの体表面積Sを求める「シュリクマー関数」を提唱しています。

$$S = -8.245 + 6.807 \times H + 7.073 \times FFC$$

この公式はデュ・ボアの式や高比良の式のように，0.425乗のような計算もなく，普通の電卓で計算できる簡単な式です。

　この公式は世界の動物園でインドゾウに必要な投薬量を求めるのに使われ，インドゾウの生存率を上げることに成功しました。ただし，この公式はインドゾウに適用されますが，耳の大きいアフリカゾウには適用されません。

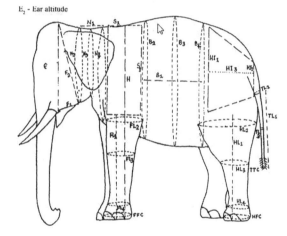

身体測定が行われた部位。表面積を求める公式を導くためにゾウの体のあちこちの長さを測った
※シュリクマー博士らの論文（引用・参考文献）より

〈引用・参考文献〉
・Sreekumar, K.P.; Nirmalan, G. (1989). "Estimation of the total surface area in Indian elephants (Elephas maximus indicus)". *Veterinary Research Communications* 14 (1): 5-17.

■ 2年 第2分野 **気象とその変化**

東京ドームの屋根は空気が支えている?!

> **どんな場面で使える？**
>
> 圧力について学習した際に使えます。「力」との違いを理解することや、日常では使われないパスカルという単位に慣れ親しみましょう。

圧力は力ではない

私たちは普段「圧力」というと、「圧力がかかる」とか、比喩的に「権力者からの圧力」みたいに、どこかから押される力、すなわち力の一種のように捉えています。

ところが理科でいう「圧力」はちょっと違います。一言でいうと圧力は力ではありません。圧力は「面を垂直に押す単位面積あたりの力」、力の割合なのです。

「何だ、やっぱり力じゃないか」という声が聞こえてきそうですが、ちょっと待ってください。

「車で60km走る」というと、この60kmというのは距離ですが、「車が時速60kmで走る」だと、60kmというのは長さではなく時速、つまり1時間あたりに走った距離を指します。したがって、実際には60km走ったとは限りません。

この「距離」と「速さ」の関係は「力」と「圧力」の関

係と似ています。

　速さ…単位時間（1時間など）あたりに移動した距離
　圧力…単位面積（1m²など）あたりにかかる力

　速さが距離と違うように、圧力も力とは違うのです。だから力はニュートン（N）、圧力はパスカル（Pa）と別々の単位を使うのですね。

ハイヒールに踏まれて骨折？

　満員電車の中でハイヒールを履いた女性に足を踏まれた人が、足の指を骨折したということが実際にあるそうです。足を踏まれたくらいで骨折するの？　と思うかもしれませんが、これを圧力で考えてみましょう。

　体重40kgの人が履いているヒール部分の底面積2cm²のハイヒールで踏まれたとしましょう。そのときの圧力を求めてみましょう。圧力の公式は、

$$圧力〔Pa〕 = \frac{面を垂直に押す力〔N〕}{力が働く面積〔m^2〕}$$

ですから、100gの物体にかかる重力の大きさを1Nとして体重40kgは400Nに相当します。2cm²は0.0002m²ですので、

$$\frac{400〔N〕}{0.0002〔m^2〕} = 2,000,000 〔Pa〕$$

ざっと200万パスカルとなります。200万という数字は大きいですが、これってどのくらいなのでしょうか。ゾウに踏まれたときの圧力と比べてみましょう。

ゾウの体重を6,000kg、足の面積は1本で1,000cm²なので4本で4,000cm²として、圧力は、

$$\frac{60,000 \,[\mathrm{N}]}{0.1 \times 4 \,[\mathrm{m}^2]} = 150,000 \,[\mathrm{Pa}]$$

（たったの？）15万パスカルと、ハイヒールの圧力の方が桁違いに大きいです。

ついでに、自動車に踏まれたときの圧力も計算してみましょう。

乗っている人を含めた自動車の質量を1,500kg（15,000Nの重力に相当）として、タイヤの接地面積は150cm²程度、これが4つで600cm²とすると、圧力の大きさは、

$$\frac{15,000 \,[\mathrm{N}]}{0.0150 \times 4 \,[\mathrm{m}^2]} = 250,000 \,[\mathrm{Pa}]$$

25万パスカルですからゾウに踏まれるときよりは圧力が大きいですが、やはりハイヒールにはかないません。

ゾウに踏まれるよりも、自動車に踏まれるよりもハイヒールに踏まれる方が圧力が大きい…骨折するのもわかる気がしませんか？

東京ドームの屋根は、空気が支えている?!

東京ドームは、1988年にできた日本初の全天候型多目的スタジアムです。この屋根は、28本のケーブルと東京ドームのために開発された、特殊な膜材を使用しており、その重量は400トンにも達します。

この400トンを支えているのが空気です。ちょうど風船

に空気を入れて膨らませるように,東京ドーム内に空気を入れて外の気圧よりも高くして屋根膜を支えているのです。それだけの重さを支えているということは,東京ドームの内外で大きな気圧差があるのかと思いきや,東京ドーム内の気圧は外よりも0.3％高いだけです。大気圧が約1,000Paですから,3hPa（300Pa）程度,ビルの1階と9階くらいの気圧差です。

その程度で大丈夫なの？　という声が聞こえてきそうですが,圧力差が300Paと小さくても,東京ドームですから屋根膜の面積は広く,約30,000m^{2}もあります。

そうすると屋根膜を支える空気の力は,

300〔Pa〕×30,000〔m^2〕＝　9,000,000〔N〕

900万ニュートンは900トンを支えることができるので,400トンの屋根は十分支えられるのです。

〈参考文献〉
・東京ドームとは
　https://www.tokyo-dome.co.jp/tourists/dome/about.html

■ 2年 第2分野 **気象とその変化**

気象庁はいまどき 百葉箱なんて使っていない?!

> **どんな場面で使える?**
>
> 「気象観測」についての学習で使うことができます。実際の観測装置に関しての知識をもつことで、気象観測に対する興味を高めていきましょう。

今どき「百葉箱」は使わない

　気象観測のために設置する温度計などの観測機器を入れてある百葉箱。教科書にも載っていますし、学校にもありますが、1993年1月に気象庁は、人の目視が必要な百葉箱を使った観測は廃止したのです。

　代わりに現在使われているのが、強制通風筒といわれる金属製で二重構造になっている筒です。外から空気を吸い込んで筒の中にある温度センサーや湿度センサーで、気温や湿度を測定します。

　ちなみに「百葉箱」は現在では「ひゃくようばこ」と読みますが、かつては「ひゃくようそう」とよばれていました。広辞苑では「ひゃくようそう」の項目の説明の中で「ひゃくようばこ」と書かれていますが、「ひゃくようばこ」という項目はありません。

百葉箱　　　　　　　強制通風筒

自動観測もいいけれど

百葉箱が廃止された最大の理由は，気象観測の自動化（無人化）が進んだからです。観測が人の手で行われていると，データが集まるまでにどうしても時間がかかりますし，ある程度の誤差も生じます。データを早く集め，精密さを高めるために，無人で自動的に観測できる地域気象観測システム，通称アメダスが使われています。

アメダス（AMeDAS）とは「Automated Meteorological Data Acquisition System」の略で，全国1,300カ所で降水量，風向・風速，気温，日照時間などの観測が現在では10分ごとに自動的に行われ，そのデータは気象庁のサイトなどで見ることができます。

とはいえ，何でもかんでも自動化・無人化でよいというわけではありません。

確かに気温や湿度，降水量のように単純に計器の目盛りを読みとればよいような項目は機械が得意です。ところが，「晴れ」や「雨」などの「天気」はどうでしょうか。「快晴」「晴れ」「曇り」を判別するには雲を観測する必要があります。また，「雨」か「雪」か，はたまた両者が混じった「みぞれ」かの判別，さらに直径が5ミリ以上の氷の粒である「ひょう」と5ミリ未満の氷の粒である「あられ」の判別などは機械でもできなくはないようですが，その精度はまだ人の目視による観測に及びません。

東京・北の丸公園にある「東京」地点のアメダス

これも立派な観測です

　春になると，サクラの開花が待ち遠しくなりますね。サクラの開花宣言はニュースにもなります。では，サクラの開花宣言は，誰がどういう基準で出しているのでしょう。

　サクラの開花宣言は，気象庁の職員が各地にある『標本木』で5〜6輪以上の花が開いたことを目視で確認したら，

桜の開花宣言を行います。そして，標本木で約80％以上のつぼみが開くと満開となります。標本木は主に『ソメイヨシノ』ですがソメイヨシノが生育しない地域では，『ヒカンザクラ』『エゾヤマザクラ』を観測します。

東京のサクラの標本木。靖國神社の境内にある

気象庁ではサクラの開花日の他にも，ウメ，アジサイが開花した日，イチョウが黄葉，カエデが紅葉した日などの植物季節観測，ウグイス，アブラゼミの鳴き声を初めて聞いた日，ツバメ，モンシロチョウ，ホタルを初めて見た日などの動物季節観測も行っています。

〈参考文献〉
・気象庁　https://www.jma.go.jp/jma/index.html

■ 2年 第2分野 **気象とその変化**

台風のエネルギー源は水蒸気が隠しもっていた?!

> **どんな場面で使える？**
>
> 雲や台風のでき方の学習では、潜熱の考え方を使うとより深く理解できます。中学校では教科書にも載っていませんから…雑談の出番です。

温度が変わらない熱

液体の水を温めていくと、温度がどんどん上がっていき、100℃になると水が沸騰します。ですが、水が沸騰して水蒸気に変化している間は、加熱しているのにもかかわらず、ずっと100℃のままです。水蒸気をさらに加熱すると温度がさらに上がっていきます。

水が水蒸気に変化しているときには、熱の出入りがあるにもかかわらず温度が変わらない。ならば、熱はどこに行ったのでしょう。

これは、熱の使われ方が2つあると考えると説明がつきます。一つは、温度を上げるための熱。この場合、熱があることは温度が高いことに表れています。このような熱を明らかな熱、現れている熱、（温度計を通して）目に見える熱、ということで「顕熱」といいます。

もう一つは、液体の水を気体の水蒸気に状態変化させるときに必要な熱です。この熱は、状態変化のために使うので、温度を上げるのには使えません。いうなれば、水蒸気が隠しもっている熱ですが、このような熱を温度として現れず（水蒸気の中に）潜んでいる熱ということで「潜熱」といいます。

　少々乱暴ですが、数式のように書くと、同じ温度の水と水蒸気の間に、

　　水＋熱＝水蒸気　…(1)

という関係があります。実はこれが、「天気とその変化」の学習の中に潜んでいるのです。そう、潜熱のごとく。

湿球温度はなぜ気温より低いか

　乾湿計では、湿球温度が乾球温度（気温）より低くなっています。これはどうしてでしょうか。

　湿球温度は、温度を測る球部のところがガーゼで覆われていて、そのガーゼは水で湿らせています。そうすると、ガーゼに含まれている水は蒸発します。このときは100℃になっていませんが、(1)の式は水と水蒸気が同じ温度ならば成り立ちます。でも、特に加熱はしていませんよね。そこで(1)の式中の「熱」を移項すると、次のようになります。

　　水＝水蒸気－熱　…(2)

　例えば、20℃の水が20℃の水蒸気になった。そうするには、熱が足りないのでどこかから熱をもらってくる必要があります。ガーゼを湿らしている水ならガーゼ付近にある

物体，つまり周囲の空気，そして温度計の球部の熱です。

　湿度が低い，つまり空気中にまだまだ水蒸気を含むことができると，ガーゼに含まれている水はたくさん蒸発をします。蒸発をすればするほど，温度計の球部は熱を奪われて，湿球温度が下がっていくわけです。

　逆に，湿度100%で空気中にこれ以上水蒸気を含むことができない状態なら，蒸発もできないため，湿球温度は下がりません。

　したがって，気温（乾球温度）と湿球温度の差が小さいと湿度が高く，大きいと湿度が小さくなるのです。確かに，湿度表はそうなっていますね。

蒸し暑い日本の夏は過ごしにくい

　私たちは暑いときや激しい運動をすると汗をかきます。これは体温調節のためといわれますが，どういうことでしょうか。

　先ほどの乾湿計の話で，湿球用の温度計の球部を体に，ガーゼに含まれている水を汗に置き換えてみましょう。すると汗が蒸発することで，体から熱を奪うということになります。つまり，汗をかいただけではだめで，蒸発しないと体温は下がらないのですね。

　ところで，日本の夏は，高温多湿の小笠原気団に覆われるため，気温はもちろんのこと湿度も高いという特徴があります。湿度が高いということは，洗濯物がかわきにくいように，汗をかいても蒸発しにくいわけですから，体温も

下がりにくくなります。したがって，同じ気温で湿度が低いときよりも過ごしにくく感じ，さらには熱中症の危険も高まるのです。

台風のエネルギー源は

　熱帯低気圧は，熱帯の温かい海上で，大量の水蒸気が上昇することにより空気が渦を巻いて発生する低気圧です。さらに勢力が強くなり，最大風速が34ノット（17.2m/s）以上になると「台風」とよばれます。

　でも，渦を巻いた水蒸気のどこに，台風のように大きな被害をもたらすエネルギーが隠されているのでしょうか。

　ここで，(1)の式の左右をひっくり返してみましょう。

　水蒸気＝水＋熱　…(3)

　(3)の式は，空気中の水蒸気が雲や雨，つまり液体の水に変わったときには一緒に熱も発生することを示しています。その熱をエネルギーにして台風が活動できるのです。

　しばしば大きな被害をもたらす台風。そのエネルギー源は，熱帯でつくられた水蒸気が隠しもっている潜熱だったのです。

　日本付近のような温帯でも，熱帯ほどではありませんが海上なら多少は台風に水蒸気が供給されます。しかし，台風が上陸してしまうと，水蒸気の供給はほとんどなくなってしまいます。加えて陸地との摩擦も大きいので，上陸した台風は急激に勢力が弱まっていくのです。

■ 3年 第1分野　**運動とエネルギー**

橋を支えているのは
三角形だった？!

> **どんな場面で使える？**
>
> 「力の合成・分解」の学習で使えます。「力の分解」を活用して橋を支えていることから，理科を学ぶことの意義や有用性を実感させていきましょう。

桁橋には大きな力がかかる！

橋の形にはいろいろありますが，最も原始的なのが，ただ単に横に桁をかけただけの「桁橋(けたばし)」です。このとき，桁は，橋の上を通る人や車，そして桁自身の重力を支えなくてはなりません。

その重力を支えるために，桁は右下の図のように曲がり，重力を2つの力に分解します。

桁橋の例
茂森橋（東京都江東区）

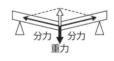

桁橋だと大きな力で支えなくてはいけない

とはいえ、分力の矢印の長さを見ると、重力を「分解」したはずなのに、もとの重力よりもはるかに大きい力になってしまいました。これでは、橋の上にあまり大きな物は載せられませんね。

三角形は強い！

トラス橋とは、細長い部材を使って三角形を組み合わせた形（トラス）にして作られた橋です。どうして三角形がたくさんあるのでしょうか。

トラス橋港一号橋梁
（神奈川県横浜市）

それを考える前に、ストローとクリップを使って、下の写真のような四角形と三角形をつくり、角を押してみましょう。するとどうなるでしょうか。

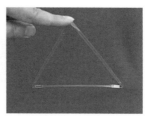

ストローとクリップでつくった四角形と三角形

四角形は簡単に形が変わってしまうのに対し、三角形は形が変わりにくく、丈夫です。実際の橋の形が変わってしまったら、橋が壊れて大変ですから、丈夫な三角形で壊れ

にくいようになっているのですね。

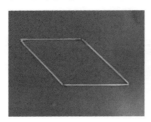 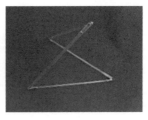

四角形は簡単に形が変わる

　トラス橋の場合，次の左下の図のように，力が分解されますが，同じ重力がかかっていても，桁橋に比べて分力が小さいことがわかります。つまり，同じ重力がかかっても，支える力の大きさは桁橋ほどではなくなるわけです。

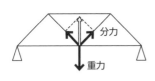 

トラス橋の力の分解　　　　**段ボールの断面**

　ところでこの形，段ボールの断面に似ていませんか。実は段ボールもこのトラスのしくみを利用して，大きな力がかかっても簡単にはつぶれないようになっているのです。

　橋を支えているのは，トラスとよばれる三角形を組み合わせた構造なのですね。

斜張橋や吊り橋の塔が高いのは

　斜張橋では，塔から橋桁へケーブルが斜めにまっすぐに張られています。吊り橋は両岸から架け渡したケーブルか

ら橋桁を吊っている、という違いはありますが、斜張橋と吊り橋のどちらも橋桁の他に塔とケーブルがあります。

吊り橋　瀬戸大橋（岡山県倉敷市）

そしてこの塔が、かなり高くそびえ立っているのです。塔が高ければそれだけ建てるのも大変になるし、それ以上に橋が支える重力も大きくなってしまいます。それなのに、どうして斜張橋と吊り橋の塔はあんなに高いのでしょうか。

同じ重力を低い塔から張ったケーブルで支えている下の左の図と、高い塔から張ったケーブルで支えている右の図を比べてみましょう。高い塔の右の方が、ケーブルにかかる分力が小さいです。つまり、小さな力で橋を支えることができるから塔を高くしているのです。

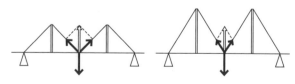

＊協力
才野博紀（倉敷教育センター）

■ 3年 第1分野　**運動とエネルギー**

水で鋼材やコンクリート片を切断できる?!

> **どんな場面で使える？**
>
> 「水中の物体に働く力」で，水圧や浮力について学習した際に使えます。水圧が関係している現象が身近に起き，それが活用されていることに気づかせましょう。

「ふれあい水槽」でなぜふれあえる？

　水族館の水槽の中に，「ふれあい水槽」とよばれているものがあります。これは水槽の飛び出ている部分に穴が空いており，そこから手を入れて中の魚にさわることができるのです。それなのに，水槽の水は穴からこぼれてきません。水槽の水面は穴よりもずっと上にあるのに…というちょっと不思議な水槽です。

　普通に考えれば穴から水がこぼれてしまいそうです。どうしてこぼれないのでしょうか。

　これは，水槽の上部に秘密があります。水族館の水槽の場合，上までよく見れない場合もありますが，水槽には天井があり，閉じられているはずです。

　水槽の中の，水面の上にある空気は真空ポンプで抜いて，水槽内の空気の圧力を水槽の外の大気圧よりも小さくして

いるのです。

　その圧力の差がちょうど穴の上にある水による水圧と等しくなれば、穴から水はこぼれないのです。

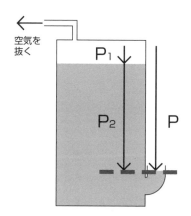

水槽内の空気を抜いて圧力を下げ水槽の飛び出ている部分の水面の高さでの圧力が、水槽内の空気の圧力P_1＋水圧P_2＝水槽外の空気の圧力（大気圧）Pとなれば水槽の水はこぼれない！　ただし、水槽の上部を開放すると$P_1＝P$となってしまうので、水圧$P_2＝0$、すなわち水槽の内外で水面が同じになるまで水がこぼれてしまう

　もし、水槽の上部が閉じられていなくて開放されていたら、水槽の上にある空気も、大気圧とほぼ等しくなります。すると、水槽の内外の水面の高さの差の分だけ水圧の差ができてしまうので、窓から水槽の水がこぼれだしてしまいます。

放水の勢いは強すぎてもいけない

　火事が発生したとき、火を消すために消防士さんがホースで、あるいは消防車から勢いよく放水をします。

このとき，水が勢いよく出るようにするために，消防車のポンプには水圧をかけています。この水圧が小さいとノズルから水は出なかったり，勢いが弱く火のところまで届かなかったりします。一方，水を飛ばした力と同じ大きさの力がホースの先端を持っている人にもかかるため，水圧が大きすぎると，ホースを持つ人が支えきれなくなってしまいます。

さらに実際には，先端のノズルのサイズやポンプと放水位置の高さの差，さらに水がホース内を流れることで水圧が下がってしまうことなどを考慮して，ポンプ側でどれだけの水圧にするかを調節しているのです。

また，消防車の中にはウォーターカッターを搭載しているものもあります。ウォーターカッターとは，300～600MPa以上（MPa=100万Pa，ちなみに1気圧は約0.1MPa）という非常に高い水圧の水流で，鋼材やコンクリートなどを切断することができる装置です。しかも，ウォーターカッターは，エンジンカッターと違い火花が出ませんから，危険物，可燃性ガスなどの充満した場所でも使うことができるのです。

液体と同じ密度の固体は浮くか沈むか

氷は水に浮き，鉄は水に沈みます。これは氷の密度が水より小さく，鉄の密度が水より大きいためです。このように，固体の密度が液体の密度より小さければ浮きますし，大きければ沈むのです。では，固体の密度が液体の密度と

等しかったらどうなるのでしょうか。

試しに15%の食塩水の入った水槽に卵を入れてみましょう。普通の卵なら浮いているはずです。これに水を少しずつ加えて、食塩水の濃度を薄くしていきます。

すると、固体と液体の密度が同じになったところで卵はゆっくり動いて、最終的には浮くか沈むかします。意外にも、水中で静止する、ということはありませんでした。

水中で物体にかかる重力と浮力がつり合い、物体は、無重量状態のようになっています。すると、物体が少しでも動くと、等速直線運動をして上に行けば浮くし、下に行けば沈むわけです。

卵が止まったまま力を受けることがなければ水槽の中で止まるのでしょうが、実際にはかなり難しいです。

さらに食塩水を薄めると、卵は沈んでしまいます。

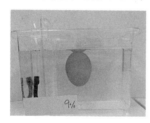 

9%を下回ったあたりで卵と食塩水の密度が等しくなった

ダイビングでちょうどこの卵のような状態になることを「中性浮力」とよびます。この状態だと少ない力で効率よく泳ぎ回ることができるので、ダイバーならまず身につけたい基本スキルの一つになっています。

■ 3年 第1分野 **運動とエネルギー**

地震も雷も
摩擦で起きる?!

> **どんな場面で使える？**
>
> 摩擦や空気抵抗の話題が出てきたときに使えます。難しいからと避けるのではなく，意外に身近な現象であることを示し，関心を高めましょう。

ないものとされる存在

　実際の物体の運動ではちゃんと働いているのに，理科の授業ではしばしば「摩擦のない水平な面上で」とか「空気抵抗がなければ」などという前提で，その存在を抹消される，それが摩擦と空気抵抗です。

　たしかに摩擦や空気抵抗の効果まで考えると話がややこしくなるし，それらの影響が無視できるように実験することもできるのですが，ちょっと不憫な感じがしますね。

　でも，そんな摩擦や空気抵抗も，身の回りや自然界のあちこちにあり，決して無視できないのです。

自然災害と摩擦

　摩擦は，多くの自然災害と関係しています。

　海溝型地震は，海洋プレートが大陸プレートの下に沈み

込むときに,大陸プレートも引き込まれて歪み,それが限界に達すると,大陸プレートがもとに戻ろうと一気に跳ね上がり,地震が起こる,というのは1年で学習しました。

ここで大陸プレートが海洋プレートによって一緒に引き込まれたのは,2つのプレートが接する面の摩擦によるものです。大陸のプレートが歪むと,その歪みを戻そうとする反発力が生じます。ただ歪みが小さいときは反発力も小さいので摩擦の力に負けてしまいます。ところが海洋プレートとともに大陸プレートがどんどん引き込まれ,歪んでくると,反発力も大きくなり,ついには摩擦力を越え,歪んだ大陸プレートは一気に戻ろうとします。これが地震なのですね。

落雷時には1億ボルトにもなるといわれる雷も,その電気が発生する原因は摩擦によって起きる静電気です。

台風も同様に,風と海水面の摩擦によって,台風の中心(水蒸気を含む)に風が流れることで発達します。もっとも,台風については,上陸すると急激に衰えていきます。それは海面からの水蒸気の補給がとだえることもありますが,陸地との摩擦によって台風のエネルギーをそいでしまっているのも理由の一つです。

摩擦が小さくなることによる自然災害もあります。雪崩や地滑りです。地表と雪,雪と雪(地滑りなら土砂や岩など)の間の摩擦が,降水や気温の変化などで小さくなったところに,何かのきっかけがあると一気に崩れていくのです。

もし摩擦がなかったら

いろいろな災害の事例を見ていくと、摩擦は厄介者だと感じる人もいるかもしれません。では、もし世の中に摩擦がなかったらどうなってしまうのでしょうか。

まず、歩けません。氷の上を歩くことを考えるとわかりやすいですが、すべってしまい、前に進むことができません。車だってタイヤと道路の間に摩擦がないと、最初止まっていた車は、たとえエンジンをかけてタイヤが回り始めても動き出すことはできません。逆に動いている車はハンドルでタイヤを動かしてもタイヤと道路の摩擦がなければ向きを変えることはできず、ブレーキをかけても、ブレーキとタイヤの間に摩擦がなければその効果はないため、慣性の法則にしたがい、何かにぶつかるまで等速直線運動を続けます。

釘やねじも、摩擦がないと困ったことになります。釘やねじが、打ち込んだ木やねじ穴からスルッと抜けてしまい、用をなさなくなります。

ところで、ノーベル物理学賞を受賞した小柴昌俊さんが、中学校で物理の臨時講師をしていたときに、テストで「もし世の中に摩擦がなくなったらどうなるか記しなさい」という問題を出したことがあったそうです。あなたならどう答えますか。ここまでの説明を適当にまとめて書くでしょうか。

正解は「白紙答案」です。鉛筆やペンと紙の間の摩擦がなくなったら、紙に文字を書くことはできませんから。ち

なみに正解者は3名いたそうです。その3名は「正解」を知っていて白紙で出したのでしょうか。答えがわからなくて白紙で出した気もするのですが…。

空気抵抗

雨は空の高いところから降ってきます。物体に力が働く運動として考えると，空の高いところから落ちてくるので，地上に着いたときにはかなりの速度になっていそうです。詳しい計算方法は高校の物理でやりますが，例えば，1,000mの高さから物体を落としたら，地上に到達するときは秒速140mにもなります。

でも，そんなに速いとも思えませんね。実際，大きい雨粒でも秒速7〜8mといわれています。そう，空気抵抗のためです。落下するときの雨粒は空気から力を受けているのです。

写真は，落下中の雨粒と同じ状況を再現した水滴を撮影したものです。完全な球形ではなく，下の方がつぶれて，お饅頭のような形になっています。落下している水滴が下にある空気から抵抗を受けている様子がよくわかりますね。

3年 第1分野 化学変化とイオン

pHはかつて「ピーエイチ」とは読んでいなかった?!

> **どんな場面で使える?**
>
> 酸性,アルカリ性の強さを表すのにpHを用いることを学んだときに使えますが,英語以外の外国語の話題にふれるときにも使えます。

酸性,アルカリ性の強さを表すpH

酸性,アルカリ性の強さを表すのに用いられるのがpHです。7より小さくなるにつれ酸性が強く,大きくなるにつれアルカリ性が強くなります。

例えば,同じアルカリ性の水溶液でもpH10の水溶液にムラサキキャベツの液を加えると青くなりますが,pH12では緑,pH14になると黄色になります。

酸性や中性では無色ですが,アルカリ性になると赤くなるフェノールフタレイン液は,pH9あたりから赤くなり始めますが,pH13を超えたあたりから赤い色は急に消えてpH14では完全に無色になります。

pHのpの意味

pHは,デンマークのビール会社「カールスバーグ」の

研究所で化学部門の部長をしていたソーレンセン（1868-1939）によって1909年に提唱されました。

今でこそpHと表記されていますが、ソーレンセンの論文ではP$_H$と表記されたのをはじめ、最初の10年はph, pH, Ph, PH, P, Ph+, PH+ といろいろな書き方がありました。ですがやがてpHに統一されていきます。上つき、下つき文字のないpHならタイプするのも簡単だということもありました。

でも、pHのpは何のpなのでしょう？

すぐに思いつくのは、"Power of hydrogen"、つまりPowerでしょう。Powerは「力」という意味だけではなく、「10の3乗」を英語でthe third power of tenというように、「累乗」の意味もあります。水素イオンの数が10倍になるごとにpHが1、100倍だと2…と変わることからもそれらしい感じがします。一方、カールスバーグのサイトにはpHは"potential Hydrogen"の略です、と書かれています。

しかし、1909年に発表されたときのソーレンセンの論文は、ドイツ語、フランス語、デンマーク語の3か国語で英語では発表されていないというところから、これらの説を支持しない考えもあります。カールスバーグ研究所での公用語のフランス語でexposant（指数）、またはpuissance（power）、さらにはラテン語でpondus（quantity）, potentia（capacity）と候補が挙がっています。

さらにまったく別の発想で、ソーレンセンの論文が数学

ではペアの文字として使うp，qの記号を2種類の水溶液に使っていたのに由来するという説まであります。この説ではq溶液は水素イオンの濃度がわかっている溶液であり，それを使って水素イオン濃度を調べたい溶液をp溶液としています。

いずれにしろ，ソーレンセンがなぜpを使ったのかは論文にも書かれておらず，私たちに知る由はありません。

「ピーエイチ」か「ペーハー」か

pとHの文字を英語読みにすれば「ピーエイチ」，ドイツ語読みにすれば「ペーハー」。一般向けのpHの説明を見ると「pH（ピーエイチ，またはペーハー）」という記述もみかけます。

かつて化学が学問として進んでいたのはドイツでした。ソーレンセンの論文にも，ドイツ語のものがありましたね。日本も昔はドイツから化学を学んでおり，ドイツ語読みのペーハーが日本に定着しました。現在ご年配の方はペーハーで学んだのでしょう。

ところが，その後段々とドイツに代わりアメリカでも化学が発展していきます。それに伴い，日本でもドイツ語に代わって英語が幅を利かせるようになります。pHもドイツ語読みから英語読みになることも自然な流れです。

1958年に制定された日本工業規格（JIS）で，「ピーエッチと読む」と読み方が指定されました。現在は改訂され「ピーエッチ又はピーエイチと読む」となっています。

したがって，現在は正式には「ペーハー」とはいわないことになっているものの，一度定着したものをひっくり返すのは大変難しいのです。

1970年にNHKでは英語化の先取りをして，pHを「ピーエイチ」と読むことに決めたのですが，一般の拒否反応が強く，翌年には経過措置として「ペーハー」も認めることにしたという話があるくらいです。

今でもpHを「ペーハー」とよぶ人もいます。特にアクアリウムの世界では「ペーハー」が主流です。

ドイツも負けてはいない

でも，日本の科学用語の中で英語ではなくドイツ語によるものもいくつかあります。元素名の「カリウム（Kalium）」「ナトリウム（Natrium）」がその例です。これらは英語ではpotassium, sodiumです。そして「エネルギー（Energie）」もドイツ語です。最近でこそエナジードリンクのように英語の「エナジー（energy）」という言葉が日本でも使われるようになってきましたが，まだまだエネルギーの方が一般的ですよね。

〈参考文献〉
・Rollie J. Myers "One-Hundred Years of pH" *Journal of Chemical Education*, 2010, *87*（1）, pp 30–32
・カールスバーグ https://carlsberggroup.com/news-archive/scientific-breakthrough-is-marked-at-carlsberg/
・倉島長正『正しい日本語101　言葉のセンスを磨く』PHP研究所, 1998/01

■ 3年 第1分野 **化学変化とイオン**

グラウンドに引く「石灰」は，「石灰」じゃない?!

> **どんな場面で使える?**
>
> 「酸とアルカリ」「中和と塩」の学習の際に消石灰，石灰石などが登場したときに使えます。「石灰」といっても，身近なところにたくさんあることに気づかせましょう。

石灰とは

　二酸化炭素で白く濁るのは石灰水。塩酸を加えると二酸化炭素が発生するのが石灰石。酸性の土壌を中和するためにまかれるのが消石灰…ほかにもグラウンドの白線も石灰とよばれます。理科の授業以外にもちょくちょく身近に出てくる物質です。が，一口に石灰といってもいろいろあるのです。

　石灰とは，生石灰と消石灰の総称です。これに石灰石も含める場合もあります。

生きている石灰?

　生石灰（せいせっかい，きせっかい）は英語ではquicklimeで，limeは石灰ですが，quickには「生きている」という意味があります。まさに「生きている石灰」で

す。生きている石灰とはどういうことでしょうか。

生石灰の主成分は、酸化カルシウム CaO です。この酸化カルシウムは、水を加えると激しく反応する性質があります。この反応がまるで生きているように見えるため「生石灰（quicklime）」とよぶという説があります。

しかも、この生石灰は乾燥材にも使われています。少量の水でもすかさず反応し、消石灰（水酸化カルシウム）をつくるので、周りは乾燥が保たれるというわけです。

なおこのとき、大量の熱を発生するため、生石灰の乾燥材を水の多いところに置くと、かなり高温になって危険です。しかし、逆に、この性質を利用してひもを引っ張ると熱くなる駅弁には、生石灰が使われています。

水を加えて消石灰

そしてその生石灰に水を反応させてできるのが消石灰です。主成分は水酸化カルシウム $Ca(OH)_2$ です。この飽和水溶液が、あの石灰水です。ちなみに、石灰水の採水びんは蛇口が一番下の位置ではなく、ちょっと上に取りつけられています。これは水酸化カルシウムがあまり水に溶けないで

石灰水の採水びん

底にたまってしまうので、下に蛇口がついていると、溶け残りの水酸化カルシウムも出てきてしまい、使いにくいためです。

そして、水溶液は強いアルカリ性で取り扱いに注意を要しますが、粉末の状態でも油断はなりません。消石灰の粉末が目に入ると最悪の場合、失明することもあります。実際にそのような事故もありました。

グラウンドのライン引きに使用するあの白い粉は、「石灰」とよばれることがあります。確かに昔は消石灰を使っていたのですが、現在では安全を考えて、炭酸カルシウムなど別の物質が使われています。目に入った場合はそれだけ危険な物質ではありますが、一方でこんにゃくの凝固剤として使われる食品添加物でもあるのです。

また、壁や天井などに使われる建材に漆喰がありますが、それは消石灰に砂、のり材などを混ぜ、練ったものです。

都合のいい石灰石

石灰岩は堆積岩の一つですが、石灰岩を資源として取り扱う場合の鉱石名が「石灰石」です。主成分は炭酸カルシウム $CaCO_3$ です。

この炭酸カルシウムの水溶液はアルカリ性ではありませんが、というより、そもそも炭酸カルシウムは水にほとんど溶けません。しかし、塩酸などの強い酸性の水溶液とは反応し、その酸性を弱めます。群馬県の白根山や、草津温泉から流れる川は酸性が強いので、石灰石の粉を使って中

和しています。

石灰石は、酸性ならpHを上げて酸性を弱めるけれども、中性なら何もしないので中和には都合がいいのです。これが消石灰だと水に溶ければアルカリ性になるので、加える量が多すぎた場合、必要以上にアルカリ性になってしまいます。

石灰岩

園芸などでは有機石灰や苦土石灰などがあります。有機石灰は貝殻や貝殻化石を原料とする炭酸カルシウムの石灰肥料です。苦土石灰の苦土はマグネシウムのことで、ドロマイト $CaMg(CO_3)_2$ という、炭酸カルシウムと炭酸マグネシウムが混ざったものです。先に述べたように「石灰石」を都合よく石灰に含める場合と含めない場合がありますが、これらの「石灰」は生石灰や消石灰ではなく「石灰石」のことです。

〈参考文献〉
・日本工業規格 JIS R9200：2016「せっこう及び石灰に関する用語」
・品木ダム水質管理所　http://www.ktr.mlit.go.jp/sinaki/

■ 3年 第1分野　化学変化とイオン

電池がつくられたきっかけはカエルの脚?!

> **どんな場面で使える?**
>
> 「化学変化と電池」のところで使えます。特にガルバーニの仮説は間違ってはいましたが,それでも科学の進歩に大きく貢献したことも注目したいです。

電池の発明者ボルタ

今日,乾電池やボタン電池をはじめとして,私たちの身の回りには多くの種類の電池が使われています。その電池の元祖は1800年にイタリアの物理学者ボルタがつくったものです。電圧の単位ボルト(V)はボルタに由来しています。

しかし,ボルタが電池をつくったきっかけは,意外にも,カエルの脚だったのです。どういうことでしょうか。

死んだカエルの脚が動いた!

イタリアのボローニア大学の解剖学の教授,ガルバーニは,筋肉の収縮運動についての研究を行っていました。

その研究では,カエルの脊髄と脚の神経を露出させた下股を,ガラス板を金属箔ではさんだ板の上にのせ,電気で

脊髄や神経を刺激してカエルの脚をけいれんさせる実験を行っていました。

ところがあるとき，ガルバーニはカエルの神経に真鍮のフックを取りつけて，鉄柵にひっかけておいたところ，脚が鉄柵にふれただけで，けいれんが起こることに気がつきました。この現象はガラスや樹脂を接触させても起こらず，異なった2種の金属で神経にふれることだけで，カエルの脚がけいれんするのです。組み合わせる金属の種類によって，けいれんの強さが異なることもわかりました。

どうしてこのようなことが起こったのでしょうか。ガルバーニは，もともとカエルの脚の中に電気があり，それが二つの金属が接触することで流れ，それが神経を通って筋肉が収縮したと解釈しました。

ガルバーニはこれを「動物電気」と名づけ，1791年，「筋肉運動による電気の力」として発表しました。

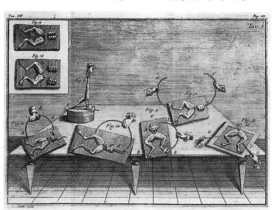

ガルバーニの実験（「筋肉運動による電気の力」より）

ボルタの異論

このガルバーニの解釈に疑問をもったのがボルタです。ボルタは，この現象は，単に2種類の金属がカエルの体液によって接触して電気が生じただけで，別にカエルの脚でなくてもよいし，けいれんが起きたのは電気が通ったからにすぎない，と考えたのです。

こうしてガルバーニとボルタの論争が始まったのです。

ガルバーニは動物電気の存在を証明するために，シビレエイの研究などで対抗します。しかし，1795年，ボルタは銀と亜鉛の板を塩水をしめらせた紙の間にはさむと，二つの金属の間に電気が発生すること——ガルバーニの主張である「動物電気」ではなかったこと——を示して，自説の正しさを示し，勝敗はついたのです。

さらにボルタはもっと大きな電流を取り出せるように改良に改良を重ね，1800年に「異種の導体の単なる接触により起る電気」で発表します。

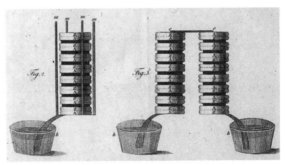

ボルタの発明品（「異種の導体の単なる接触により起る電気」より）

ガルバーニの貢献

　ボルタは，ナポレオンから電池を発明した功績をたたえられ，ナポレオンから伯爵の地位を授けられます。一方，ガルバーニは論争に負けて評判を落としただけでなく，ナポレオンに忠誠を誓うことを拒否したため，大学を追われ，失意のうちに亡くなりました。

　それでも，ボルタに電池の発明のきっかけを与えたガルバーニの科学への貢献は決して小さくないといえます。彼の研究は19世紀の神経生理学の隆盛を導きましたし，動物電気の仮説は誤りでしたが，それがボルタの電池の発明につながっていったわけですから。

〈参考文献〉
- Volta, Alessandro "On the Electricity Excited by the Mere Contact of Conducting Substances of Different Kinds". *Philosophical Transactions of the Royal Society of London* 90(1800): 403-431.
- Galvani, Luigi "De Viribus Electricitatis in Motu Muscurali Commentarius." Bononiae, 1791
- 菅谷正美監修，山口晃弘編著『子どもを理科好きにする科学偉人伝60話』学事出版，2008

■ 3年　第1分野　**科学技術と人間**

銀のスプーンなら
アイスクリームは食べやすい？!

> **どんな場面で使える？**
>
> 　熱の伝わり方を学習する際に使えます。身近なものがこの熱の伝わり方をうまく利用していることにふれ，「なるほど～」と生徒を唸らせてみましょう。

熱伝導でアイスクリームを溶かすスプーン

　冷凍庫に冷やしたアイスクリームを食べようとしたときに，カチカチに凍っていたので硬くてスプーンがアイスに刺さらなかった，ということはないでしょうか。

　ところが，そんなアイスクリームでも簡単にすくえてしまう，特別なスプーンもあるのです。

　どうして硬いアイスクリームでも刺さるのでしょうか。これは材質に秘密があります。アイスクリームのスプーンの材質といえば，使い捨ての木などを別とすれば，銀，白銀，ステンレスなどがありますが，価格の面からステンレスが日常ではよく使われます。

　ところが，ステンレスやその主成分である鉄は，金属の中では比較的熱を伝えにくい物質なのです。もちろん，金属ですから，ガラスなど金属でないものに比べれば熱を伝

えやすいのですが、例えばアルミニウムの方がずっと熱を伝えやすいのです。

そのため、温かいコーヒーなど保温が必要な飲料は熱を伝えにくいスチール缶が、冷やして飲むジュースなどには熱が速く伝わるアルミ缶が使われることが多いのです（缶の強度の関係などのほかの理由もあります）。

アイスクリームがすくえるスプーンの材質もアルミニウムです。スプーンを持つ手の熱が、熱伝導でスプーンに伝わり、その熱でアイスクリームを溶かすのです。

ちなみに、アルミニウムよりも熱を伝えやすいのが銀や銅です。銀のスプーン（食器として使うときは硬さをだすため少量の銅を混ぜている）ならもっと手の体温でアイスクリームを溶かすことができるはずですが、いかんせん値段が高いために一般的ではありません。

電磁波で熱を伝える放射

「放射」の例として、太陽の光が地球を暖めていることが挙げられることからもわかるように、自然界では熱の3つの伝わり方「伝導」「対流」「放射」のうち、放射の効果が一番大きいと考えられています。

とはいえ、伝導や対流に比べ放射はわかりにくいイメージがあります。物体の中で高温部から低温部へ熱が移動する伝導、液体や気体の中で物体が流れることによって熱が移動する対流に比べると、放射では熱が直接動いているようには見えません。太陽の光が放射により地球を暖めてい

ても、太陽と地球の間にある宇宙空間は、特に温度が高いわけではありません。

放射ではどうやって熱が伝わっているのでしょう。

あらゆる物体は、その表面からその温度に応じて電磁波を放射しています。この電磁波はそもそも物体ではなく、暖かくもないのですが、その電磁波が別の物体に届くとはじめて熱となり、電磁波を受け取った物質の温度を変化させるのです。電磁波は真空のように物体がなくても伝わります。

物体が放射している電磁波のうち、赤外線の放射量を調べることで、その物体の表面の温度がわかります。これを利用したのが放射温度計です。

魔法瓶の魔法の秘密

普通のガラスのビンにお湯を入れると冷めてしまいますが、「魔法瓶」と呼ばれる水筒やポットにお湯を入れると、そのお湯は長時間冷めません。どうしてでしょうか。

それは、魔法瓶の構造に秘密があります。魔法瓶の中をのぞいてみると、銀色に光っています。また、これは壊さないとわかりませんが、ビンが二重になっていて、その間が真空になっています。

この構造こそが熱の3つの伝わり方「伝導」「対流」「放射」をすべてブロックしている魔法瓶の「魔法」の正体なのです。

「伝導」は物体の中で熱が移動することで、「対流」は熱

をもった気体や液体などの物体が移動することです。この2つは，物体自身が動かないか動くかという違いはありますが，どちらも物体があることが前提です。

ところが，内びんと外びんの間が真空，つまり物体がないわけですから，ここで伝導も対流も起こらなくなってしまうのです。

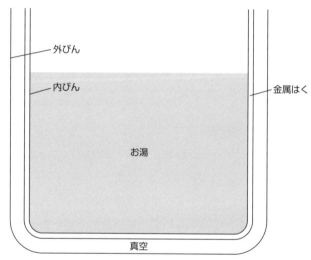

では，「放射」はどうでしょうか。太陽の熱が宇宙空間を経て地球に届くように，真空があっても熱は届きます。しかし，魔法瓶の中をのぞくと，鏡のようになっていますね。内びんの外側に金属はくが巻いてあるため，外に向かった放射熱はここでほとんど反射してしまい中に戻ってきてしまいます。

「伝導」も「対流」も「放射」もほとんど起こらないため，魔法瓶は中のお湯の温度を保つことができるのです。

■ 3年 第1分野　科学技術と人間

かつて，おもちゃや日用品は危険物だった?!

> **どんな場面で使える？**
>
> 歴史上最初のプラスチックとしてセルロイドを紹介するときに使えます。一つの素材が誕生してから衰退するまでのストーリーとしてみても大変興味深いです。

象牙に代わる材料

19世紀のアメリカではビリヤードが流行していました。その球は象牙でつくられていたのですが，入手しにくく高価な素材です。そこでビリヤードの玉のメーカーは象牙に代わる材料を，1万ドルの賞金を懸けて公募しました。

この賞金を目当てに新しい材料の開発を目指したのがアメリカの印刷工ハイアットです。

ある日，彼はコロジオンという薬の入った瓶を倒してこぼしてしまいますが，その薬は蒸発して固まってしまったのです。

ハイアットはそれをヒントに，コロジオンの主成分であるニトロセルロースに，樟脳という防虫剤などに使われる物質を混ぜて，歴史上初めての人工的に合成されたプラスチック「セルロイド」をつくったのです。

セルロイドの時代

「プラスチック」とはもともと「可塑性」，力を加えて変形させたとき，その形が残る性質のことです。セルロイドは熱をかけると可塑性を示すので，熱で溶かして型に入れれば望んだ形に成形することができるのです。しかも錆びたり腐ったりせず，着色も容易にできます。このような都合のいい素材はそれまでありませんでした。そのため，ビリヤードの玉以外にも，ピアノの鍵盤，旅行用品，浴用品，美容品，映画のフィルム，そして人形などのおもちゃなど，多くの用途に使われるようになります。

セルロイドなどのプラスチックは型を使って
自由に成形できる利点がある

セルロイドは日本でも普及し，櫛，ブラシ，バックル，ボタン，メガネのフレーム，筆箱，万年筆の軸，装身具，人形など，ありとあらゆる日用品に使われました。

かつてアニメーションを制作するときに使った，透明のシートに絵の具で描いた絵を「セル画」といいますが，これは透明のシートがセルロイド製だったことによります。

大きな問題点

しかし，そこまで普及したセルロイドですが，現在ではほとんど使われていません。他のプラスチックに取って代わられてしまいました。どうしてでしょうか。

実はセルロイドは非常に燃えやすい性質があったのです。燃焼速度は速く，爆発的で量が多い場合は消火困難になります。また，170℃で自然発火が起きます。夏の暑いときに保存が悪かったりすると170℃なら到達するおそれがあります。そのためセルロイドは消防法でも危険物として指定されています。

セルロイドによる火災も多数起きていました。

有名なのは1932年12月に起きた日本で最初のデパート火災といわれる東京日本橋の白木屋デパートの火災です。死亡者14名と大きな被害を出した火災は，クリスマスツリーの豆電球の故障を修理しようとしたときに飛び散った火花がクリスマス飾りのモールに引火して燃え上がり，さらにセルロイド製の玩具に延焼したために発生しました。

特に玩具にはセルロイドがよく使われていた（セルロイドハウス横浜館）

また，1939年には東京都板橋区にあった大日本セルロイド工場の東京工場の火災も，投げ捨てたたばこがセルロイドの屑に引火したのがきっかけでした。

　近くに火薬や照明弾，マグネシウムを扱う工場があったことも重なり，32名の死者を出す爆発火災になりました。爆発の被害は半径500メートルに達し，150メートル以内の建物の屋根は，ほとんど原型をとどめていない状況でした。

　それでもセルロイドに代わるような物質がなかったため，しばらくは燃えやすさに注意しながら使っていましたが，ようやく戦後になって不燃性のセルロイドや石油からつくられるプラスチックが台頭することにより，従来の燃えやすいセルロイドは急速にその姿を消していくのです。

セルロイドの現在

　とはいえ，セルロイドは完全に消滅したわけではありません。現在も高級メガネ，弦楽器用ピック，ゴルフクラブのネックソケット，医薬品などに細々と使われています。

　セルロイドは卓球のボールにも使われていましたが，日本では2014年からプラスチックボールへ順次移行され，セルロイド製のボールは練習用としてかろうじて残っているのみです。

＊協力
　セルロイドハウス横浜館　http://www.celluloidhouse.com/

■ 3年 第2分野 **生命の連続性**

チューリップ農家は
開花後，花を摘み取ってしまう?!

> **どんな場面で使える？**
>
> 　有性生殖と無性生殖での形質の伝わり方の違いの例として使えます。「だからチューリップは球根で育てるのか」と生徒が腑に落ちるように紹介しましょう。

チューリップはどんな花？

　童謡にもあるチューリップ。かわいらしい花で，世界中で人気がある花です。

　1996年にオランダ王立球根生産者協会より公表された「チューリップ品種の分類と国際登録リスト」には約5,600種類もの品種が登録されており，その後も新しい品種は続々誕生していますから，現在はもっとたくさんの品種があるはずです。

　また，チューリップの花は，花弁が6枚あるように見えますが，本当の花弁は内側の3枚だけで，外側の3枚は「がく」です。

　ユリの花も同じですが，チューリップもユリも同じ「ユリ科」に属します。

チューリップの花を上から見た様子。色づいている6枚のうち,内側の3枚だけが花弁,外側の3枚は「がく」である

球根は無性生殖

　そして,チューリップは球根から育てることが一般的です。球「根」といっていますが,その正体は根ではなく,短縮した茎に養分を蓄えて厚くなった葉(鱗片葉)が重なり合って球状になったものです。

　この球根を植えると,芽が出て花や葉を広げるように成長していきますが,このときは球根に蓄えられた養分を使っています。やがて花が咲き終わる頃になると,地上の葉の中の養分を地下の新しい葉(鱗片葉),つまり球根に蓄え,古い球根はなくなり,いくつかの新しい球根ができるのです。このような球根の植え方を分球といいます。

　大きい球根をつくるには,開花後早く摘むことがポイントです。花を摘むことで本来種子をつくるために使われる養分が球根に蓄えられるため,大きな球根ができるのです。そのため,球根を生産する農家では,花が咲いたところで

さっさと花を摘んでしまいます。とはいえ、花壇に咲いた花を楽しむために育てている人たちにとっては、ちょっともったいない話ですよね。

それはさておき、分球による植え方は、栄養生殖の一種で、無性生殖です。したがって、親と子は同じ遺伝子になるため、同じ形質になります。だから球根の場合、「親」がどんな花だったかわかれば、その球根を実際に植えなくてもどんな花が咲くかがわかるのです。

チューリップにも種子はできる

チューリップは球根のイメージが強いですが、めしべに他の品種の花粉を受粉し、子房が熟せば必ずというわけではありませんが、種子ができることもあります。

それでもチューリップを育てるときは、普通は球根を使います。それには大きく2つの理由があります。1つ目は、種子から育てるには時間がかかるということです。チューリップのツボミはある程度の大きさの球根がないとできません。種子が発芽してからその程度の球根に育てるまで5、6年かかります。そのような種子と、秋に植えて翌年の春に花が咲くような球根があったら、球根を使いますよね。2つ目は、種子からできたチューリップは、どんな形質になるかがわからないということです。種子は受粉、つまり有性生殖によってできます。有性生殖のメリットとして多様な遺伝子（その結果多様な形質）の子ができるという点が挙げられますが、これは見方を変えると、子がどんな形

質になるか事前にはわからないともいえます。

　これはこれで、どんな花が咲くかワクワクするかもしれませんが、「このエリアには赤の、あそこには白いチューリップを咲かせよう」と同じ形や色の花が並んだ花壇をつくろうと思うときには使うことができません。

チューリップの種子。どんな花が咲くかわからない。それを「どんな花が咲くかな」と楽しみにするか「どんな花が咲くかわからないなんて！」と不便に思うかは人間次第

　ところが、あえてチューリップを受粉させて、種子をつくることもあります。品種改良をするときです。新たにできたチューリップはどんな形質かわかりませんが、もしかしたら今までにないきれいな花や丈夫な花など新しい特徴をもったものが含まれているかもしれません。種子から育てると5〜6年かかる気の長い話ですが、品種改良ではそのような方法で新しい品種を探しているのです。

〈参考文献〉
・椎野昌宏，小森谷慧編著『世界の原種系球根植物1000』誠文堂新光社，2014

■ 3年 第2分野 **生命の連続性**

「分子構造発見」の栄誉を受け損ねた女性がいた?!

> **どんな場面で使える?**
>
> 遺伝子の本体が DNA であることにふれるときなどに使えます。よく使われる用語の違いを明確にしてからトピックスにふれると, より生徒の関心を高められるでしょう。

染色体, 遺伝子, DNA とは何か

「生命の連続性」の学習では, 染色体・遺伝子・DNA と3つの用語が登場します。

しかし, あまりによく使われるため, そのうちに染色体と遺伝子と DNA って何が違うのか, わかったようでよくわからない, でも話が進んでしまっているので, そんな基本用語の意味なんて今更聞けないし, 教科書を見てもピンとこない…かくして, テストのときに, 何となくはわかっているのだけれども「遺伝子」と書くべきか「DNA」と書くべきか悩む…なんてことに陥りがちです。

この3つはどう違うのでしょうか。

まず, 染色体は, 細胞分裂が行われている細胞を観察するときに見られる, ひも状の「物体」を指します。

これに対し, DNA はデオキシリボ核酸とよばれる,

「物質」です。分子でできている物質ですが、水分子や二酸化炭素分子に比べればはるかに巨大な分子で、二重らせん構造をしています。

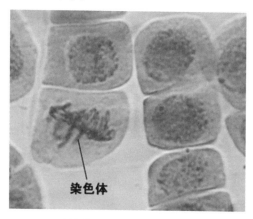

細胞分裂中に見られる染色体

そして、遺伝子は、遺伝情報をもっているDNAの領域を指します。

ちょうど紙を綴じるファイルでたとえれば、ファイル全体が染色体に、閉じられている紙がDNAに、そして紙に書かれている文字が遺伝子に該当すると考えれば、イメージがしやすいでしょう。その紙に書かれている文字の内容こそが、遺伝情報なのです。

そうすると、「遺伝子の本体はDNAである」といいますが、このファイルのたとえでいえば「文字は紙に書かれている」ということになって、かなりイメージとそれぞれの区別がしやすくなるのではないでしょうか。

世界を変えた2ページの論文

20世紀最大の発見の一つともいわれる，DNAの分子構造を示した論文は1953年に，アメリカのワトソンとイギリスのクリックの名前で，イギリスの科学雑誌 Nature に掲載されました。

その論文自体は Nature のサイトから読むことができます。もちろん，英語で書かれています。

意外なのはその分量で，たった2ページです。それも正確には，1ページと数行という短い論文でした。

それでも，DNA が二重らせん構造だと解明した意義は大きく，ワトソンとクリックは，1962年，DNAの構造を解明したとして，イギリスのウィルキンスとともにノーベル医学・生理学賞を受賞しました。

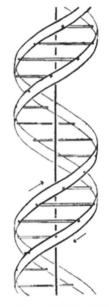

DNA の二重らせん構造
※ワトソンとクリックの論文より

もう一人の発見者

ところが，この二重らせん構造の発見を巡って，あまりよろしくない話があったのです。

ユダヤ系の女性，フランクリンは，同僚のウィルキンスとともに，X線を使ってDNAの構造を調べていました。

ところが、フランクリンとウィルキンスが不仲だったこともあり、ウィルキンスはフランクリンが撮影したDNAのX線写真をワトソンにこっそり見せてしまったのです。

さらに、フランクリンは研究資金の提供先である英国医学研究機構に、未発表のその写真を含む年次報告書を提出したら、それがクリックの手に渡ります。

もちろん、これらは研究者としてルール違反ともいえる行為ですが、ワトソンとクリックはウィルキンスのデータをヒントに、あの論文を書きあげ、DNAの二重らせん構造の発見者という大きな栄誉を手にしたのです。

一方、当のフランクリンはその栄誉を受けることなく、ワトソンとクリックの論文から5年後の1958年4月16日に37歳の若さで卵巣がんのため亡くなってしまいます。一説には、がんの原因は実験中に浴びた大量のX線ではないかといわれています。

〈参考文献〉
・Watson, J. & Crick, F. (1953). Molecular structure of nucleic acids : A structure for deoxyribose nucleic acid. *Nature* 171, 737-738.
・ブレンダ・マドックス著、福岡伸一監訳、鹿田昌美訳『ダークレディと呼ばれて 二重らせん発見とロザリンド・フランクリンの真実』化学同人、2005
・福岡伸一『生物と無生物のあいだ』講談社、2007

■ 3年 第2分野 　生命の連続性

イルカの祖先はカバだった?!

> どんな場面で使える?
>
> 　生物の進化の学習で使えます。生物にはその生息環境での生活に都合のよい特徴が見られることにもふれながら，生物の進化の不思議さと面白さを味わいましょう。

イルカの祖先はカバだけど

　生物の進化の道すじから考えて，カバとサメではどちらがイルカに近いでしょうか。

　サメとイルカはどちらも海で生活していて，ヒレなどの形状も似ていますし，色も似たような感じです。一方，カバは昼の間は水の中にいて，夜になると陸上で草を食べているように，イルカとは姿かたちも生活の様子もかなり違っていますね。イルカとサメの方がこれだけ似ているので，生物の進化としても同じルートをたどり，カバとは大きく離れているように思えます。

　ところが，DNA などを調べてみると，イルカを含めたクジラ類の最も近い現生の動物はカバだということがわかってきたのです。イルカもカバも哺乳類，ところがサメは魚類ですので，イルカとサメは進化やDNAの視点でいえ

ば，イルカとカバよりもはるかに遠く離れた関係なのです。

見かけではサメとイルカは似ているが…意外にもカバがイルカに近かった
※サメは葛西臨海水族園にて，イルカは八景島シーパラダイスにて筆者撮影

　しかし，逆に考えると，イルカとサメはそれだけ縁遠い関係でありながらも，かなり似た姿になっているというのは興味深い点です。これはどういうことでしょうか。

　確かに，イルカとサメの祖先は，大きく違う過程を経て進化していったのですが，どちらも「海の環境にどう適応するか？」という課題に対し，ヒレの形状や海の中では目立たない色など，同じようなやり方で解決していったのです。このようにもともとは異なるグループだったはずの生物が，それぞれ同じような環境で生息するために，同じように進化することを収れん進化といいます。

ダーウィンも考えていた

ダーウィンの著した『種の起源』では,電気を生じる魚類同士でも,類縁関係がかなり隔たっているものがあるという点について考察しました。

電気を発生させる器官が共通の祖先から遺伝したなら,その器官はどの種でも密接に似ているはずです。しかし,実際は体の中の器官の位置や電気が起きるしくみなどが種によって異なるため,これらの種において電気器官は相同器官ではなく,異なる進化を経て,似た機能になったにすぎないと考えたのです。つまり,収れん進化はダーウィンの段階ですでに考えられていたのですね。

他ガニの空似?

タラバガニは英語で king crab とよばれています。オウサマペンギンならぬ「オウサマカニ」といったところでしょうか。まさにカニ中のカニ,ともいえる光栄な名前ですが,意外なことに分類上はカニの仲間(短尾下目)ではなく,異尾下目というヤドカリの仲間になるのです。

いやそれは違うでしょう,タラバガニはどう見てもカニであって,ヤドカリなんかではないでしょう,と感じるのもわかります。

しかし,よく見るとカニの足は5対(10本)ありますが,タラバガニは一番後ろの足が小さく,甲羅の中に隠されているため,8本のように見えます。実はヤドカリも8本足に加えて,貝殻の中に2本の足を隠しています。

また，タラバガニは，メスの腹部が右に捻じれているという，ヤドカリと共通する特徴があります。

　そして，決め手はDNAの配列などを調べた研究です。その結果，タラバガニはホンヤドカリから進化したことがわかりました。にもかかわらず，カニのようになったということは，これも収れん進化です。

　ヤドカリは英語でhermit crabです。hermitは隠遁者，一般社会から離れて生活する人をさします。それが進化すると「王様」ですから，進化の世界は奥が深いです。

　　タラバガニ　　　　　　　　ヤドカリ
タラバガニとヤドカリ，同じ仲間には見えない
※タラバガニは「写真AC」より

＊協力
　吉武美岐（沖縄県竹富町立波照間中学校）
〈参考文献〉
・ダーウィン，渡辺政隆訳『種の起源（上）』光文社，2009
・C. W. Cunningham, N. W. Blackstone & L. W. Buss "Evolution of King Crabs from Hermit Crab ancestors", *Nature* 355, pp. 539-542（06 February 1992）

■ 3年 第2分野 **地球と宇宙**

オーストラリアの冬至は
夏にある?!

> **どんな場面で使える?**
>
> 季節による太陽の1日の動きの変化が地球の公転や地軸の傾きによって起こることを学習する際に使えます。同じ地球でも北半球と南半球では違うことに注目しましょう。

南半球の星座

南天の星座は,日本からほとんど見ることはできませんが,北半球の星座からすると変わったものがモチーフになっている星座が多く見られます。がか(画架)座,コンパス座,さいだん(祭壇)座,じょうぎ(定規)座,ちょうこくぐ(彫刻具)座,ちょうこくしつ(彫刻室)座,とけい(時計)座,ろ(炉)座と,道具類などがモチーフになっているものが見られます。

天文学ははるか紀元前からギリシャやアラビアなど,ずっと北半球で発達してきました。北半球で見られる星座の起源も,諸説ありますが紀元前というところは間違いなさそうです。

では南天,南半球の星座はというと,15世紀に大航海時代が始まり,人々が南半球に行くようになってようやく星

座がつくられるようになるのですが、そのときに、とも（船の後ろの部分）座、はちぶんぎ（八分儀＝星の位置を測定する道具）座、ほ（帆）座などの航海関係の道具やぼうえんきょう（望遠鏡）座、らしんばん（羅針盤）座、レクチル（望遠鏡のファインダーをのぞくと見られる十字線）座と、当時のハイテク機器などの星座名がつけられたのです。

他には、中南米にみられるオオハシ科の鳥「巨嘴鳥（きょしちょう）」をモチーフにしたきょしちょう座や、南アフリカに実在する山頂がほぼ平坦な山「テーブル山」をモチーフにしたテーブルさん座などもあります。

夏に冬至、冬に夏至

南半球は、北半球と季節が逆になっています。北半球の冬は南半球では夏なのです。12月のクリスマスは南半球にあるオーストラリアでは真夏。サンタクロースは短パン・裸足で、サーフィンしながらプレゼントを届けにくる、といわれています。

クリスマスの数日前には、日本では「冬至」といってかぼちゃを食べ、柚子湯に入る習慣があります。では、この日は夏真っ最中のオーストラリアのような南半球では「夏至」となるのでしょうか。

それにはまず、「冬至」の定義を押さえておく必要があります。

天文学上では、太陽黄経が270度のとき、もっと簡単に

いうと，太陽が春分から天球上を4分の3周したときを「冬至」と定義します（ちなみに夏至は4分の1周，秋分は半周したときです）。

ここで注目すべきことは，北半球とか南半球とか，地球上の場所については何もふれていないという点です。太陽黄経が270°だったら，北半球でも南半球でも問答無用に冬至なのです。

そしてそうなるのは毎年クリスマス直前の12月21～22日ごろです。したがって，この天文学上の定義によれば，南半球の冬至は夏，ということになります。

とはいえ現地では

しかし，南半球に住んでいる人たちはそれで納得がいくでしょうか。

「それはさすがに変だろう。なんで夏に冬至になるんだよ。夏なら夏至だろ！」

そう考えるのももっともです。

実際，オーストラリアにいる人に何名か尋ねてみたところ，12月21～22日ごろの日は「夏至（summer solstice）」とよんでいるそうです。南半球の人たちにとって理不尽な天文学上の定義は，完全に無視されています。

オーストラリアの地球科学に関する公的組織であるGeoscience Australiaのサイトでも，太陽が最も高くなったときが夏至（summer solstice）で12月に起きる，夏至は1年の中で最も昼間の時間が長い日である，と説明して

います。

確かに、日本でも「冬至ってどんな日？」と聞かれれば、「太陽黄経が270°の日」なんていわず、「一年で一番昼間が短い日（夜が長い日）」と答えることが普通ですよね。

暖かい北風

北半球と南半球でひっくり返る現象はほかにもあります。

南半球にとって、南は寒い南極、北は暖かい赤道となります。つまり、北半球の「北は寒く南は暖かい」というイメージが逆になるのです。したがって、南半球では北風が暖かいのです。

オーストラリアなどの南半球では太陽は東から出て西に沈むのは北半球と同じなのですが、お昼ごろには太陽は南ではなく北の空を通ります。「南中」ならぬ「北中」です。そして南向きよりも北向きの家の方が日当たりがよいのです。

さらに、月の見え方も違います。上弦の月は北半球では右側が光っているのですが、同じ月を南半球でみると、左側が光っているのです。また、月の模様も上下左右をひっくり返した形で見えるのです。

〈参考文献〉
・Geoscience Australia
  http://www.ga.gov.au/scientific-topics/astronomical/summer-and-winter-solstice

■ 3年 第2分野　地球と宇宙

地球の温室効果は
金星に比べれば大したことはない?!

> **どんな場面で使える?**
>
> 　惑星の大気組成や表面温度を比較し，地球には生命を支える条件が備わっていることにふれる際に使えます。また，地球温暖化に関連してふれるのもよいでしょう。

地球の大気は二酸化炭素が少ない

　金星と地球と火星は，いずれも岩石などでできている「地球型惑星」であり，水金地火木…といわれるように，太陽からの距離は，惑星の中では金星は2番目，地球は3番目，火星は4番目に近い，比較的特徴が似ている惑星同士と言えます。特に金星と地球は大きさが似ていて「双子星」とまで言われることがあります。ところが，この3つの惑星のうち，大気の成分について見ると，真ん中の地球だけが窒素と酸素で，金星と火星はいずれも二酸化炭素の割合が95%を超えるのです。地球の大気における二酸化炭素の濃度は0.04%ですから，圧倒的に低いといえます。この違いはどこからきているのでしょうか。

　これは地球の大きな特徴である海，すなわち大量の水が関係しています。地球の大気にもかつては金星や火星のよ

うに二酸化炭素が大量に存在していました。ところが地球には大量の水、海があります。そこに二酸化炭素が溶け込み、炭酸塩のかたちで岩石になってしまいました。そうして大気中から二酸化炭素はほとんどなくなってしまい、金星や火星でもわずか5％にも満たないとはいえ2番目に多かった窒素がトップに躍り出てしまったと考えられています。

金星の温室効果

現在、地球では温室効果ガスである二酸化炭素の濃度が増えて温暖化が危惧されています。とはいえその濃度は0.04％程度です。これで温暖化が問題になるのだったら、大気圧は90気圧にもなり、その大気の95％を超える成分が二酸化炭素である金星ではどうなっているのでしょうか。

NASA撮影　パイオニア・ヴィーナス1号による金星の雲
二酸化炭素を主成分とする分厚い大気に硫酸を主成分とする雲ができる

そう、金星には強い温室効果が働いており、金星の表面の温度は昼も夜も460℃にもなるのです。

それなら、水星の表面温度はどうなっているでしょうか。金星より太陽に近いため、金星より高いはずだと考える人もいるのではないでしょうか。しかし実際は、資料にもよりますが、昼間の温度が高いときでもせいぜい400℃〜450℃といわれています。水星は大気がほとんどないので、そもそも温室効果は起こらないのです。大気の違いで、ここまで差がついてしまうのですね。

火星を人類が住めるようにするには

一方、火星はというと表面温度は平均−55℃です。しかし、太陽が当たる表面の赤道近くでは20℃ほどになり、極付近は−140℃まで下がるといった、非常に広い温度差があります。

NASA撮影　火星
写真上部の北極付近には氷結した二酸化炭素と水からなる「極冠」がある

これは，太陽からの距離が金星や地球より遠いことに加え，地表での大気圧は0.0075気圧と，火星の大気は希薄だということがあります。

2016年，アメリカにあるスペースX社の創設者イーロン・マスク氏が，火星に居住地を建設するという壮大な計画を明らかにしました。もちろんそれを実現するにはいくつかの解決しなければならない課題があります。

その一つが，平均-55℃という表面温度を上げることです。これについては次のようなアイデアがあります。

火星の北極や南極には氷結した二酸化炭素と水からなる「極冠」とよばれる部分があります。この「極冠」や塵や岩の中にある二酸化炭素を大気中に放出させれば，地球や金星のように温室効果によって気温が上がるだろう…。「地球温暖化」ならぬ「火星温暖化」です。

しかし，そのようなやり方でも，もともと火星にある容易に利用可能な二酸化炭素や水蒸気の量が少ないため，うまく大気中に二酸化炭素や水蒸気が放出しても気温は10℃も上がらず，火星を移住可能な惑星にするほどにはならないだろうという研究結果が2018年に出てきました。

温暖化が起こりそうもなくて困るなんて，地球とは大違いですね。

〈参考文献〉
・Bruce M. Jakosky & Christopher S. Edwards "Inventory of CO_2 available for terraforming Mars", *Nature Astronomy* volume 2, pages634-639（2018）

■ 3年 第2分野　**地球と宇宙**

百人一首では，太陽よりも月が人気?!

> **どんな場面で使える？**
>
> 　月の満ち欠けの学習で，満月や上弦，下弦の月など月の満ち欠けの様子によって，いつごろどの方角に見えるかが異なることがわかったところで使うのがよいでしょう。

あのとき，蕪村が見ていた月は

「*菜の花や月は東に日は西に*」

　これは江戸時代の俳人である与謝蕪村が詠んだ俳句で，安永3（1774）年，現在の兵庫県にある摩耶山を訪れたときのものです。この光景を想像してみましょう。見渡す限り一面に咲いている黄色い菜の花と，西には太陽，そして東には出たばかりの月が…。あれ，このときの月はどんな月でしょうか。

　実は，この句で詠まれている月は，満月であることがわかっています。とはいえ別にそのような記録があったわけではありません。「日は西に」ということは，太陽が西にあるので，夕方と特定できます。つまり沈みゆく夕日ですね。では，夕方に東にある月というのはどんな月でしょうか。そう，地球を挟んで太陽と逆の側にある月，満月なの

です。

　同じ俳句を詠むのでも，このように理科の知識を生かして読むと，その時の光景がありありと浮かんできますね。

百人一首では「有明の月」が人気

　百人一首の中に太陽そのものが登場する句はありませんが，月が登場するのは12首もあります。その中でも「有明（の月）」は次の4首に登場しています（ちなみに，「夜半の月」は2首あります）。

　今来むと　言ひしばかりに　長月の
　　有明の月を　待ち出でつるかな　（素性法師）
　有明の　つれなく見えし　別れより
　　あかつきばかり　憂きものはなし　（壬生忠岑）
　朝ぼらけ　有明の月と　みるまでに
　　吉野の里に　ふれる白雪　（坂上是則）
　ほととぎす　鳴きつる方を　眺むれば
　　ただ有明の　月ぞ残れる　（後徳大寺左大臣）

「有明の月」とは，満月から新月までの間，特に古典の世界では下弦に近い陰暦20日以降の月を指します。この月は，太陽が出てからも見える時間帯があります。夜が明けても有る月，それが有明の月です。

　例えば，素性法師の和歌は，「すぐ来る」と言っていたので9月の夜長にずっと待っていたら，有明の月が出てきてしまった，という意味です。有明の月は夜遅くならないと出てきません。だから有明の月が出たということは，そ

れだけずっと待っていたということを意味しているのです。

三日月はあるのに…

この月の名称を知っていますか。

「三日月」ではありませんね。左右が逆です。

この月を「三日月」並みの通称でよびたいところですが，いい名前がありません。

「三日月」というのは新月から数えて3日目の月をさします。満月を「十五夜」というのも新月から数えて15日目の夜だからですね。この月は新月から数えて26日目にできる月です。なので「26日月」といいたいところですが，よびにくいですし，とってつけたような名前です。

この月を「有明（月）」とよぶこともありますが，先に述べたように満月の翌日以降（特に陰暦で20日以降）新月の前までのすべての月を「有明」とよぶこともあるので，「有明」といったとき，どちらの意味で使っているのか誤解と混乱を招きます。

「暁月」「逆三ケ月」というよび方もありますが，あまり広まっていません。さて，この月を何とよんだらよいのでしょうか。

月は満ち欠けだけでなく

「月では,ウサギがお餅をついている」という話を聞いたことがありますか。月の表面がでこぼこしているので,その模様がちょうどウサギがお餅をついているように見えるので,そのように言われています。

右の写真ではウサギさんは横(右側を上)にしてお餅をついています。わかりますか?

世界各地は,この模様を,本を読むおばあさん(北ヨーロッパ),ワニ(アメリカ南部),ライオン(アラビア),大きなハサミのカニ(南ヨーロッパ),女性の横顔(東ヨーロッパ)など,いろいろなものに見立てています。

さて,月は,いつも地球に同じ面を向けているため,地球から見た月の模様は変化しません。ところが,いつ,どこで月を見るかにより,月の模様がどの向きで見えるかが変わってきます。

日本では,夕方から夜の早い時間にかけての月は,ウサギがお餅をついているように見えやすいです。ところが,夜明け前に見るとウサギが逆立ちしてしまいます。「お月見」は,普通夜の早い時間に見ますからウサギの餅つきに見えやすいのですね。もしこのとき,模様の向きが違っていたら,「ウサギさんがお餅をついている」といわれなかったかもしれませんね。

■ 3年 第2分野　**自然と人間**

日本はスギ・ヒノキも高齢化社会 ?!

> **どんな場面で使える？**
>
> 「自然界のつり合い」について学習する際に使えます。自然界のつり合いに対し人間がどう関わっていくかについて，生徒自身が考えるきっかけにしていきたいところです。

そこにオオカミがいるだけで

　アメリカのイエローストーン国立公園は，アイダホ・モンタナ・ワイオミングの3州にまたがる世界最古の国立公園です。

　かつて，イエローストーン国立公園内にはオオカミが生息していましたが，家畜を殺す害獣とみなされて駆除されてしまい，ついに1926年を最後にその姿が消えました。その結果，シカは増え，公園内の植物を食べつくしてしまいます。

　そこで，1995年と96年に，いなくなったはずのオオカミをカナダから連れてきて公園内へと放ったのです。

　すると，どうなったでしょうか。まず，オオカミがシカを捕獲するため，シカの数が減りました。これは予想できますよね。生き残ったシカも，オオカミに襲われないよう

にオオカミがいそうな場所や逃げ場がない場所には近づかなくなります。すると、その場所には、シカに食べられていた植物が再び姿を見せます。木が育ち、森になっていきます。水辺では植物によって安定した土壌となり、さらに魚も集まってきます。その魚をねらって鳥たちが…となる一方、ビーバーがダムを造り、それがさらに多くの動物の住みかとなります。もちろん、オオカミの個体数も安定し、2012年には絶滅危惧種の指定が解除されました。

このようにオオカミを導入することで次から次へと、他の生物に影響を与えただけでなく、土地などの環境までも変えてしまったのです。

もっとも、過去にオオカミを駆除したということは、これだけの自然の恵みを台なしにしていた、ということになるかもしれませんが…。

木は切った方がいい？

人の手でオオカミを駆除したら大変なことになりましたが、では、人間が自然に手を加えると、いつもまずいことが起こるのでしょうか。今度は日本のスギやヒノキの林の例を見てみましょう。

戦時中に物資不足のため、過度な伐採をした森林が荒れ、台風などによる災害も発生するようになりました。また、その後住宅建築などでの資材の需要増もあり、スギやヒノキなどを中心に植林が行われました。現在ではスギ、ヒノキの林の面積だけで700万 ha を超え、日本の面積の2割

近くを占めます。

そして、伐採して建築資材などに使えるようにまで成長しているのですが、それにもかかわらず、伐採されていない木も多いのです。地方の過疎化に加え、木材の需要が減退したり、木材価格が暴落して採算が取れなくなったりしているため、林業をやる人が減少しているためです。

「木が伐採されないのなら、自然が守られていいことなのでは？」と考える人もいるかもしれませんね。

ところが、木をずっと伐らないでいると、木の年齢も上がってきます。木も「高齢化社会」になるのです。

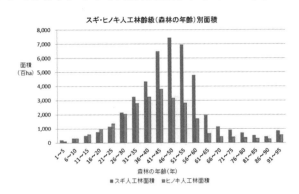

出典：林野庁　スギ・ヒノキ林に関するデータ
http://www.rinya.maff.go.jp/j/sin_riyou/kafun/data.html

人間と同じく、高齢化社会はいろいろな問題点を生みます。例えば、森林の役割として持っていた水を貯える能力や土砂崩れを防ぐ能力も弱くなり、洪水や土砂崩れが起きやすくなります。

また、次のグラフを見てください。二酸化炭素の吸収量

は植栽して20年経つと、あとはどんどん吸収しなくなっていくのです。

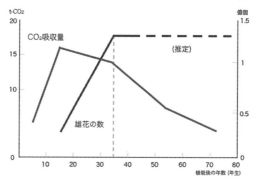

スギのCO₂吸収量と雄花の数の変化（haあたり）

出典　東京都産業労働局　東京の木・森のしごと
http://mokuiku.metro.tokyo.jp/protection/4-1.html

さらに30年で雄花の数が最大になります。雄花がそれだけ増えるということは、花粉も、つまり花粉症の原因も増えるのです。そう考えると、ある程度高齢になった木は伐採して若い木を植える「世代交代」をさせた方がよさそうですね。

自然に手を加えない方がいい場合、手を加えた方がいい場合、どうも両方のケースがあるようで、その見極めは難しそうです。

■ 3年 第2分野　**自然と人間**

オゾン層破壊のフロンは「夢の化学物質」だった?!

> **どんな場面で使える？**
>
> 地球環境問題の話題にふれるときに使えます。一面的な視点では捉えきれない環境問題の難しさを感じとってもらえればと思います。

地球環境問題にはどんなものがある？

「地球環境問題」は，環境問題の中でも問題の発生源や被害が地球規模のもので，まさに「地球環境」の問題を指します。

具体的な地球環境問題として大きく9つの現象が取り上げられています。どのようなものがあるのでしょうか。思いつくものを挙げてみましょう。

まず出てくるのが「地球温暖化」でしょう。日本では地球温暖化対策として二酸化炭素の排出を減らそうと努力しています。

次に「オゾン層の破壊」「酸性雨」あたりが思い浮かびそうです。

さらに「熱帯林の減少」「野生生物種の減少」「砂漠化」「海洋汚染」は，いわれてみて「なるほど，それか〜」と

いう人が多そうです。

　残りの2つは，答えを知っていないとまず出てこないものです。「開発途上国の公害問題」「有害廃棄物の越境移動」あまりなじみのないものですね。

　「地球環境問題」は，日本だけで生活しているとなかなか全体像をつかむことができません。まさにグローバルな視野が必要なのです。

フロンは優秀な物質だった

　「オゾン層の破壊」の原因物質は「フロン」とよばれる物質です。

　もともとフロンは冷蔵庫で物を冷やすときに必要な「冷媒」として発明されました。それまでの冷媒はアンモニアなどが使われていました。アンモニアはくさいだけでなく有害ですから，一般家庭の電気製品に使うのは危険です。そこで安全な冷媒が求められていたのです。

　フロンは生物に対する毒性がないため，万一冷蔵庫からフロンが漏れて人が吸い込んだりふれたりしても害はありません。それだけでなく，化学的に安定，つまり化学変化が起こりにくいので，金属の腐食や引火や爆発の心配もありません。さらに，電気や熱を通しにくいという性質もあります。

　そうすると，冷蔵庫の冷媒以外にも使い道が出てきます。

　例えば半導体の洗浄剤として使われます。普通の水だと，様々な不純物が溶け込んでいるので，うまく洗浄できませ

ん。アルコールなどの有機溶媒は、その多くが燃えやすく危険です。でもフロンなら不純物がほとんど含まれず、燃えない、おまけに無害で、半導体を腐食せず、揮発性（すぐに蒸発する）と、半導体を洗うのにうってつけの物質です。まさに「夢の化学物質」ですね。

ほかにもスポンジやフォームポリスチレンの製造時の発泡剤やスプレーの噴射剤として使われたりしました。

そんなフロンが、実はオゾン層を破壊する原因物質だったのです。フロンによってオゾン層が破壊され、紫外線が地表に降り注ぐようになると、染色体上の遺伝子を傷つけるのです。

そのため、1995年にオゾン層を破壊するタイプのフロン（特定フロン・CFC）の生産が中止されています。

「沈黙の春」か「マラリア」か？

アメリカの生物学者、レイチェル・カーソンの著書『沈黙の春』は、それまでほとんど注目されていなかった環境に対する人々の意識を高めるきっかけとなりました。

『沈黙の春』では、DDTなどの殺虫剤について述べられています。DDTは安価で強力な殺虫剤で、蚊によって媒介されるマラリアの患者を激減させることに成功しました。日本でも終戦直後に進駐軍によってシラミやマラリア蚊の防除のため日本中にまかれていました。それにより、200万人もの命がチフスから救われたと推定されています。

ところが、『沈黙の春』では、DDTなどの農薬の別の

側面について述べています。使いすぎることで環境中に蓄積し，多くの生物に悪影響を与えます。それだけでなく，生物濃縮によってヒトにも蓄積し，肝臓が冒されたりがんを引き起こしたりする可能性も指摘しました（その後，DDTのヒトへの発がん性はないことがわかっていますが）。

　それでは，現在，DDTはフロンのように全廃されたのでしょうか。

　確かに，日本をはじめとする先進国では1980年ごろまでにDDTの使用が禁止されました。すると，今度はマラリアが再び大流行したのです。例えばスリランカではDDTを散布していた1963年にはマラリア患者が年間17人だったのが，DDTを禁止して5年後の1969年には年間250万人と激増しました。これはDDTを散布する前と同じ水準です。結局，安価で効果の高いDDTに代わるようなマラリア対策は見つからなかったのです。

　そこでついに，2006年WHO（世界保健機構）は，マラリア蔓延を防ぐために流行地でのDDT使用を推奨する声明を発表しました。その決断からは，『沈黙の春』も気にしつつも，それ以上にマラリアの流行地域拡大の懸念と，DDTの殺虫剤としての優秀さ，そして環境問題の難しさが感じられます。

〈参考文献〉
・レイチェル・カーソン，青樹築一訳『沈黙の春』新潮社，1974

おわりに

　中学校理科の各単元からズラリと並んだ40の雑談はいかがでしたでしょうか。

　授業で生徒に紹介する以前に，この本を読んだ先生自身が楽しんでしまったり，理科を学ぶことの意義や有用性を実感してしまったりした先生がもしいらっしゃれば，筆者としてはとても嬉しいです。そして，その感覚をぜひ生徒と分かち合っていただければと思います。

　一方，理科の先生でしたら，中にはすでにご存知の話も多いかもしれません。一部の生徒が知っていそうな話題を授業で紹介するときは演出も重要になってきます。生徒はたとえ知っていることでも，それについて先生の考えや感想を付け加えると，そこで何か引っかかるものが生まれるかもしれません。

　そして，40の雑談を，ご自分の持ちネタとして使った後は，ぜひご自分の「マイ雑談ネタ」も作ってみると楽しいです。

　でもどうやって？　という疑問もあるでしょう。実際，「このような話はどこから仕入れてくるのですか」という質問をよく受けます。

もちろん本書の他にも一般向けの科学の雑学本などがあるので，そのようなジャンルの本棚の前で「さあ今から電流に関する雑談を集めるぞ」という方法もあるでしょう。
　ただ筆者の場合は，別に雑談を集めるという意識を持たず，ただ普段の生活で好奇心を大切にして，自然に限らず世の中の様々な事物・現象に目を向け，様々な人間と接し，なるべく多くの体験をする中で，ふと「え，そうなんだ」「スゲー！」「これは授業で使えるのではないか」と気づいたものをメモして，必要に応じて調査したり実験をしたり写真を撮ったりしながら，一つの話題としてまとめていきます。

　そのため，ちょうど授業をしている単元の雑談が定期的に見つけられるというものではありませんが，気長に探しています。
　案外，ネタの素はあちこちに転がっていて，どうでもいい時にネタになると気がつくことが多いです。ぜひ皆様も面白い雑談のネタを探し，そして授業で活用していただければと思います。

　最後になりましたが，明治図書出版の赤木恭平様，そして『チーム前川』の皆さまに深く感謝を申し上げます。

　　　　　　　　　　　　　　　　　　　　前川　哲也

【著者紹介】

前川　哲也（まえかわ　てつや）

1969年東京都生まれ。現在，お茶の水女子大学附属中学校教諭のほか，お茶の水女子大学理学部で理科教育法を担当。評価規準，評価方法等の工夫改善に関する調査研究協力者・中学校理科（国立教育政策研究所），中学校理科教科書「新編新しい科学」編集委員（東京書籍），一般社団法人日本ヒューマン・アニマル・ボンドソサエティ顧問，環境カウンセラー（市民部門），気象予報士。
朝日中学生ウイークリー「ニュースでつながる理科のツボ」「科学すぐそこに」，理科の教育「中学理科教師のためのチェックリスト」の連載執筆のほか，『平成29年版中学校新学習指導要領の展開　理科編』（明治図書），『イラストで見るおもしろい化学の世界1～4』（東洋館出版社），『子どもを理科好きにする科学偉人伝60話』（学事出版）などの共著，『ビジュアル解説でよくわかる！　中学校　理科室マネジメントBOOK』（明治図書），『授業をぐ～んと面白くする中学理科ミニネタ＆コツ101』（学事出版）などの編著がある。

授業をもっと面白くする！
中学校理科の雑談ネタ40

2019年6月初版第1刷刊　Ⓒ著　者	前　　川　　哲　　也
2021年5月初版第2刷刊　発行者	藤　　原　　光　　政
発行所	明治図書出版株式会社

http://www.meijitosho.co.jp
（企画）赤木恭平（校正）㈱APERTO
〒114-0023　東京都北区滝野川7-46-1
振替00160-5-151318　電話03(5907)6702
ご注文窓口　電話03(5907)6668

＊検印省略　　　　　組版所　株式会社カシヨ

本書の無断コピーは，著作権・出版権にふれます。ご注意ください。

Printed in Japan　　ISBN978-4-18-290713-5
もれなくクーポンがもらえる！読者アンケートはこちらから
→

中学校 新学習指導要領の授業づくり

国語
冨山哲也 著
152頁／1,800円+税　図書番号【2867】

社会
原田智仁 著
144頁／1,800円+税　図書番号【2866】

数学
玉置　崇 著
160頁／2,000円+税　図書番号【2864】

理科
宮内卓也 著
168頁／1,900円+税　図書番号【2865】

英語
本多敏幸 著
144頁／1,760円+税　図書番号【2868】

音楽
加藤徹也
山﨑正彦 著
168頁／2,000円+税　図書番号【2869】

道徳
柴原弘志
荊木　聡 著
168頁／2,000円+税　図書番号【2863】

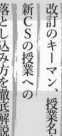

改訂のキーマン、授業名人が新CSの授業への落とし込み方を徹底解説！

※全てA5判

明治図書　携帯・スマートフォンからは **明治図書ONLINE** へ　書籍の検索、注文ができます。▶▶▶
http://www.meijitosho.co.jp　＊併記4桁の図書番号でHP、携帯での検索・注文が簡単に行えます。
〒114-0023　東京都北区滝野川7-46-1　ご注文窓口　TEL 03-5907-6668　FAX 050-3156-2790

中学校 新学習指導要領の展開シリーズ

平成29年版

ラインナップ

総則編	無藤 隆 編著	【3340】
国語編	冨山哲也 編著	【3341】
社会編	原田智仁 編著	【3342】
数学編	永田潤一郎 編著	【3343】
理科編	後藤顕一・田代直幸・小林辰至・江崎士郎 編著	【3344】
外国語編	金子朝子・松浦伸和 編著	【3350】
音楽編	副島和久 編著	【3345】
美術編	福本謹一・村上尚徳 編著	【3346】
保健体育編	佐藤 豊 編著	【3347】
技術・家庭**技術分野**編	古川 稔 編著	【3348】
技術・家庭**家庭分野**編	杉山久仁子 編著	【3349】
特別の教科**道徳**編	柴原弘志 編著	【2731】
総合的な学習編	田村 学 編著	【3351】
特別活動編	藤田晃之 編著	【3352】

A5判
160〜208ページ
各1,800円+税
※特別の教科道徳編のみ1,900円+税

大改訂のここもどこもよ
学習指導要領を広く,深く徹底解説

資質・能力に基づき改編された内容の解説から新しい授業プランまで

明治図書 携帯・スマートフォンからは **明治図書ONLINE へ** 書籍の検索、注文ができます。▶▶▶

http://www.meijitosho.co.jp *併記4桁の図書番号でHP、携帯での検索・注文が簡単にできます。

〒114-0023 東京都北区滝野川7-46-1 ご注文窓口 TEL 03-5907-6668 FAX 050-3156-2790

中学校
理科の授業づくり はじめの一歩

宮内 卓也 著

指導計画、課題の設定から、観察・実験、板書とノート指導、評価、理科室経営まで、中学校理科の授業づくりを細分化し、基礎からわかりやすく解説。理科に精通している＝よい理科教師、ではない。確かな指導法で、確かな力をつける授業ができるようになろう！

四六判／160頁
1,860円+税
図書番号：2037

ビジュアル解説でよくわかる！
中学校 理科室マネジメントBOOK

山口 晃弘・宮内 卓也・前川 哲也 編著

理科室は理科教師の仕事場。その空間をどうつくるかで、仕事の良し悪しは決まります。安全に配慮した管理の仕方から、生徒をもっと理科好きにする学習環境づくり、観察・実験の便利アイテムまで、理科室経営の工夫やアイデアを多数の実物写真と共に解説します！

A5判／136頁
2,200円+税
図書番号：1987

使える！楽しい！
中学校理科 授業のネタ100

三好 美覚 著

ワクワク感をぐっと高めるネタで、生徒が理科好きになること間違いなし！ 「タンポポの花と綿毛は同じ高さ？」「ポップコーンで学ぶ状態変化」「煮干しを使った食物連鎖の実験」などなど、すぐに授業に活用できる100のネタを収録しました。

A5判／128頁
1,960円+税
図書番号：1995

手軽にできる！
中学校理科 観察・実験のアイデア50

青野 裕幸 著

ちょっとの準備ですぐできる、全学年・全分野の観察・実験ネタをたっぷり50個掲載。「羊糞でボーリング調査!?」「シャープペンシルの芯で電球づくり!?」…などなど、生徒が夢中で取り組むこと間違いなしのアイデアが満載の一冊です！

A5判／128頁
1,900円+税
図書番号：2038

明治図書　携帯・スマートフォンからは **明治図書ONLINE へ**　書籍の検索、注文ができます。▶▶▶

http://www.meijitosho.co.jp　＊併記4桁の図書番号でHP、携帯での検索・注文が簡単に行えます。
〒114-0023　東京都北区滝野川7-46-1　ご注文窓口　TEL 03-5907-6668　FAX 050-3156-2790

＊価格は全て本体価格表示です。